1001 citations
pour gagner des
points au bac

Direction éditoriale : Stéphane Chabenat
Édition : Aurélie Le Guyader
Mise en pages : Isabelle Glomaud
Conception de la couverture : olo.éditions

l'Etudiant éditions est édité par
Les éditions de **l'Opportun**
16, rue Dupetit-Thouars
75003 Paris

www.editionsopportun.com

1001 citations pour gagner des points au bac

Français, philosophie, histoire, S.E.S.

Nathalie Blaise, Fanny Chouachoua,
Patrick Ghrenassia, Thierry Levasseur
Ouvrage dirigé par Fanny Reiss

l'Etudiant
ÉDITIONS

Sommaire

Philosophie 126

Histoire 200

S.E.S. 342

Avant-propos

Le guide que vous tenez entre vos mains est un outil pratique pour votre travail destiné au baccalauréat. Il traite d'une question importante : celle des citations à utiliser dans vos copies. Dans une version précédente de ce livre, Benoit Falaize, professeur d'histoire, expliquait en détail comment les utiliser. Nous avons fait le choix de maintenir cette introduction, avec son accord, afin de pouvoir vous orienter au mieux.

À défaut d'utiliser les citations, dans le cas où vous avez du mal à les retenir, et que vous craigniez de ne pas vous en souvenir le jour J, ce livre est aussi un très bel outil de travail. Il a été remanié au fur et à mesure des modifications de programmes par des spécialistes de chaque discipline concernée. Il est donc directement en prise avec votre travail de révision. L'avoir sur soi partout, en week-end, dans les transports, le soir près de son lit, c'est pouvoir, de façon agréable et souple, se remettre les cours en mémoire. Car les citations constituent aussi des éléments de culture générale et de réflexion. Elles donnent matière à penser, à se souvenir et à comprendre.

Bonne lecture et bonne chance !

Fanny Reiss

L'ART DE LA CITATION

L'art de citer, c'est l'art de rapporter des propos d'auteurs, souvent sous la forme d'une formule, d'une phrase assez courte ou dense qui, simplement et efficacement reliée au corps de votre copie, peut être très fructueuse et **prouver que l'on ne pense jamais seul.** Car si notre pensée peut être très originale, c'est aussi parce que **d'autres ont pensé avant nous** : « De quelque mot profond, tout homme est le disciple », dit Victor Hugo. Certes, « citer les pensées des autres, c'est regretter de ne pas les avoir trouvées soi-même » (Sacha Guitry), mais c'est aussi être capable de mettre en valeur ses lectures, sa culture et son esprit d'à-propos, et ce dans toutes les disciplines : le français, les sciences économiques et sociales, l'histoire, la philosophie, la géographie, ou encore les langues.

Rendre une copie composée uniquement de citations, ce n'est évidemment pas ce que vous devrez faire le jour du devoir sur table du baccalauréat. Le correcteur n'attend pas de vous un assemblage de paroles, même géniales. **Les citations qui peuvent rapporter des points en plus doivent venir servir votre propre texte.** Ne vous en privez pas, mais toujours avec modération et prudence. Trouver la bonne phrase d'auteur, à la fois juste et originale, c'est certainement donner un plus à votre copie et éventuellement gagner des points. Mais à condition d'avoir toujours à l'esprit, comme une règle fondamentale, qu'**il vaut mieux ne pas citer du tout plutôt que de donner une fausse citation ou une citation mal adaptée au sujet.** De la même façon, il ne faut pas citer sans connaître le contexte.

En ce sens, ce livre doit être considéré comme un aide-mémoire, et non comme une liste à apprendre par cœur et à utiliser telle quelle. La sagesse s'impose ici. Quelques règles donc.

Pourquoi mettre une citation dans une copie ?

Le correcteur peut attendre une citation qui viendra étayer votre argumentation. Elle constitue alors une illustration utile à votre démonstration. Citer un auteur c'est, par ailleurs, se distinguer des autres, faire valoir ce que l'on a lu, ce que l'on a compris, parfois au-delà du cours dispensé en classe par le professeur. Cela permet, bien sûr, de se différencier des autres candidats, mais surtout d'entrer sur le même terrain que les correcteurs, en montrant votre capacité à utiliser et à mobiliser dans le « stock » intellectuel de la discipline (philosophie, sociologie, arts, théories économiques, histoire, français…), ce qui sera utile à l'embellissement de votre copie. C'est quelquefois la seule vraie richesse d'un devoir, ce que Socrate n'aurait pas contredit : « Un trésor de belles maximes est préférable à un amas de richesses. »

Ne vous y trompez pas : la bonne citation, originale et valorisante, est celle qui surprendra positivement votre correcteur, celle qu'il aurait voulu ou pu trouver lui-même, celle à laquelle – rêvons un peu – il n'avait pas forcément pensé… Il reconnaîtra votre qualité à citer s'il sent que vous le faites à bon escient, c'est-à-dire avec clairvoyance, rigueur et à-propos. Il verra en vous quelqu'un qui a compris sa discipline. Citer un auteur est à la fois un « clin d'œil », mais aussi une façon d'entrer en dialogue avec les auteurs. Les mettre ainsi en scène dans la copie montre que leur œuvre continue à vivre par-delà le temps (en philosophie, en littérature), ou que l'histoire passée – parfois depuis très longtemps – a encore aujourd'hui quelque chose à nous faire entendre : que l'histoire peut vivre au présent. En citant dans un devoir d'histoire les propos de tel personnage célèbre de la royauté ou des Lumières, on pourrait alors dire : « On s'y croirait. »

Commencer par une citation ? Oui, mais...

Commencer un devoir, une copie d'examen par une citation qui dit tout ou presque du sujet, c'est l'une des premières manières de faire. Les avantages sont nombreux : la citation bien choisie ouvre avec intelligence un sujet complexe, elle sert ainsi à présenter le problème ou tout simplement à introduire la suite. Ici, il est important de trouver une phrase forte, qui pose d'emblée la problématique. Par ailleurs, le jury ou le correcteur voit non seulement que vous avez compris le sujet, mais aussi que vous avez préparé votre examen au point d'avoir, pour chaque sujet, une citation prête. Attention, cet avantage peut se retourner contre vous si votre lecteur juge mal le fait que vous ayez justement, un peu artificiellement, une citation d'ouverture pour chaque sujet proposé... La citation en début de copie n'est pas le tout du devoir. C'est une accroche, un moyen de montrer votre compréhension du sujet, mais en aucun cas la certitude d'être dans le vrai. Tout va dépendre de ce qui suit.

Car une bonne citation est une citation vivante.

Règle de base : il faut l'avoir comprise pour l'utiliser. Cela peut paraître évident, mais il est fréquent que des copies de philosophie ou de français comprennent deux ou trois citations dont une (voire deux ou toutes, mais c'est plus rare) est utilisée à contre-emploi. Cette règle est d'autant plus importante dans le devoir de philosophie, où le contresens n'est jamais loin si l'on ne maîtrise pas la phrase que l'on a pris la peine d'apprendre.

Ne pas se tromper en citant !

« Quiconque nous cite de mémoire est un saboteur qu'il faudrait traduire en justice. Une citation estropiée équivaut à une trahison, une injure, un préjudice d'autant plus grave qu'on a voulu nous rendre service. » Qui n'a jamais cité un auteur, un personnage historique ne peut comprendre à quel point cette phrase de l'écrivain Cioran est une magnifique invitation à réfléchir à la manière de citer des auteurs, des hommes et des femmes publics ou historiques. Car cette formule doit être prise au sérieux. Le fait de citer de mémoire suppose d'abord une mémoire fiable. Il faut pour cela apprendre ces phrases par cœur, sans faille. Un mot en trop, une négation mal placée, un verbe différent, un adjectif qualificatif erroné peuvent produire un véritable contresens. Vous risquez de mentionner une citation tronquée, incomplète ou fausse, dans le sens comme dans le raisonnement. De devenir un « saboteur » pour Cioran, ou pire, de trahir la pensée de l'auteur, de l'« injurier » après sa mort sans qu'il puisse se défendre, ou encore de lui porter préjudice… Et, bien sûr, de perdre des points sur votre devoir !

Écrire fièrement que, pour Descartes (dans *les Méditations métaphysiques*) « l'erreur, c'est seulement une faute » au lieu de « l'erreur, c'est seulement un défaut », dans un devoir sur la philosophie des sciences, par exemple, c'est changer le sens de la phrase. Ce n'est pas pour autant totalement absurde, mais même en développant intelligemment et logiquement l'argumentation, il n'en restera pas moins que Descartes n'introduit aucune connotation morale au statut de l'erreur, contrairement à ce que le mot « faute » suggère. De la même manière, transformer la phrase de Rousseau « la femme observe et l'homme raisonne » en « la femme raisonne et l'homme observe » contredit non seulement formellement la vraie référence à Jean-Jacques Rousseau, mais, de plus, prouve que vous n'avez pas compris précisément le statut que Jean-Jacques donne aux femmes dans la société, au regard de ce qu'il conçoit comme des différences de nature.

La citation sans l'auteur...

Parfois, il arrive que l'on se souvienne d'une phrase *in extenso*, mais plus de son auteur. Stress de l'examen, confusion avec d'autres citations... Trois options se présentent alors :

> Soit vous utilisez une formule vague, approximative telle que : « Comme le disait cet auteur de l'Antiquité... », ou encore : « Un Français contemporain de la guerre faisait remarquer que... » Vous êtes alors assuré de faire mauvais effet.

> Soit vous risquez de vous tromper, mais c'est quitte ou double. Évidemment, vous pourriez bien écrire une phrase du genre : « De Gaulle n'aurait pas renié cette idée selon laquelle... » Formellement, vous ne dites pas que c'est une citation de de Gaulle, en même temps vous laissez entendre (au cas où) que cela puisse être lui, sans avouer que vous n'en savez plus rien... Mais vous sentez vite que c'est vraiment tiré par les cheveux. Non, vraiment, c'est risqué.

> Soit vous vous abstenez de citer. C'est la solution la plus sûre. Bien sûr, vous regretterez de n'avoir pu placer votre citation, mais dans une copie, on regrette toujours quelque chose. Ce sera de toute façon préférable à une grosse erreur qui vous aurait décrédibilisé aux yeux du correcteur.

La phrase du dernier venu…

Un autre risque consiste à citer un auteur mal vu par le correcteur : préférez ceux dont vous savez l'importance dans les lettres, la pensée ou l'histoire. Sinon, sachez utiliser les *outsiders* en mesurant ce que cela implique.

Dans un devoir de philosophie sur l'individu et la société, si vous mentionnez les derniers propos d'un joueur du FC Barcelone évoquant la part du talent personnel et son adéquation avec le collectif (entre individualisme et holisme, en somme), cela ne vous vaudra pas que des amis parmi le jury. Sauf à faire un développement hautement subtil qui montrerait votre ironie (sans jamais être méprisant), voire votre distance amusée, et à condition que la phrase soit en rapport avec votre développement. Mieux vaut donc éviter les auteurs qui n'en sont pas, sauf dans le cas des copies d'histoire où celui qui fait l'histoire ou y assiste, quel que soit son rang, a sa place.

Le choix de l'auteur est aussi important que le choix de la phrase. Il n'est pas rare de voir dans les copies d'examens des citations de revues ou de journaux : « Comme l'annonçait *Le Monde*… », ou « Comme le laissait entendre au sujet de l'art de la citation le magazine *l'Etudiant*… » C'est *L'Aurore* qui publie « J'accuse » au moment de l'affaire Dreyfus, mais c'est Émile Zola qui l'écrit.

La précision est importante. À chaque propos son auteur. Si, en revanche, le propos est anonyme (cela arrive), alors vous pourrez dire : « Comme le dit le proverbe… » ou « Comme il est d'usage de dire… ». De manière générale, évitez de rester vague.

Comment intégrer la citation ?

C'est une question essentielle. Il est très important de ne pas donner l'impression d'une citation plaquée dans la copie « comme un cheveu sur la soupe » (expression utilisée fréquemment par vos professeurs au sujet de la citation). Pourquoi ? Parce qu'une citation qui n'est pas reliée au texte en amont, comme en aval, est déconnectée de son propos. N'hésitez pas à utiliser les connexions linguistiques logiques telles que « D'après Sophocle… » ou « De la même manière, pour Kant… » ou encore « C'est ce que résume d'une formule Mallarmé quand il dit que… ». Bref, toutes les phrases d'introduction ou de conclusion qui montrent que vous intégrez la citation au contexte global de votre devoir sont bienvenues. Certes, parfois, la citation seule peut suffire. Débuter ou conclure un texte par cette phrase : « Je me cite souvent, cela apporte du piment à ma conversation » (George Bernard Shaw), vous évite parfois d'en rajouter…

Toute citation doit pouvoir être analysée et expliquée. En reliant chacune à votre propre écriture, vous éviterez aussi de tomber dans la paraphrase de l'auteur que vous citez : « Paris ! Paris outragé ! Paris brisé ! Paris martyrisé ! Mais Paris libéré ! » La paraphrase consisterait ici à dire que le général de Gaulle parle de la ville de Paris qui a été martyrisée, humiliée et finalement libérée… Au contraire, insérée dans le devoir d'histoire, voilà une phrase qui, exception à la règle, ne mérite pas nécessairement d'être décortiquée. Elle est devenue en elle-même un patrimoine historique. Elle dit le lyrisme du personnage et l'emphase dans la victoire. Parfois, le commentaire est de trop. Il faut aussi savoir s'effacer devant une citation.

Un détail d'écriture a également son importance : les guillemets. Si les phrases citées sont intégrées au texte, elles doivent être immédiatement identifiables par le lecteur (qui est aussi celui qui note). Cette ponctuation est obligatoire, car si vous n'en mettez pas, on peut ne pas voir la citation ou, pire encore, on peut penser que vous vous attribuez une formule qui n'est pas vôtre. Mais n'utilisez pas de parenthèses : la citation doit rester dans le texte.

Terminer un devoir par une citation

Plus simple en français qu'en histoire, c'est toujours une solution payante, à condition que la citation ne soit pas convenue, c'est-à-dire trop attendue par le correcteur. C'est souvent le plus difficile, car le lecteur attend toujours une phrase qui accompagne ou qui explique votre citation. Placée en toute fin de devoir, la phrase ou la formule rapportée peut tomber à plat. Mieux vaut transiger et introduire la conclusion par une citation. Voilà qui a de l'allure, parce que vous résumez d'une phrase votre conclusion, mais aussi tout votre travail.

À chaque discipline son bon usage de la citation

Même s'il y a des règles communes, que nous venons de voir, chaque discipline scolaire a des usages propres d'écriture et d'argumentation. Les citations ne peuvent s'intégrer à la copie qu'en les respectant. C'est pourquoi, pour vous aider, nous avons fait le choix de rassembler des citations réparties par les entrées du programme dans quatre disciplines : le français, la philosophie, l'histoire et les sciences économiques et sociales. Dans ces quatre matières, la citation est déterminante. Cela ne veut pas dire que les autres matières en sont exemptes. Mais c'est ici que les correcteurs apprécieront votre culture du sujet. Alors, lisez-les, certaines pour les retenir bien sûr, c'est l'objectif, mais aussi pour aborder les révisions du baccalauréat d'une autre manière : avec des propos de penseurs, d'hommes et de femmes de l'époque, qui par une formule peuvent vous faire avancer dans vos révisions et dans la compréhension fine du thème que vous êtes en train de travailler.

Pour conclure

Inutile peut-être de terminer cette présentation par le conseil de ne pas inventer vous-même de citation ? C'est toujours tentant, surtout quand il s'agit du général de Gaulle, de Napoléon ou de Churchill, à qui on a pu faire dire tout et son contraire, tant ils étaient tous les trois amateurs de bons mots et très à l'aise dans l'art de la formule. Si la tentation vous vient de placer une formule dans la bouche d'un personnage célèbre, assumez-la vous-même. Ce sera toujours préférable. Au mieux, on saluera votre sens de la formule ; au pire, on ne se dira pas que vous avez attribué à untel ou unetelle une parole aussi inepte…

Pour se distinguer aux yeux des correcteurs, l'art de la citation relève de la distinction tout court. Une copie bien tournée a ses codes. Ne citez pas trop pour montrer votre culture. Ayez de la mesure, veillez à ne pas vouloir trop bien faire. Ne tombez pas dans « l'exhibitionnisme naïf de la consommation ostentatoire qui recherche la distinction dans l'étalage primaire d'un luxe mal dominé » (cette citation du sociologue Bourdieu n'était pas facile à placer, par exemple). Ne cherchez pas à citer à tout prix, au risque de vouloir trop en faire et de ne pas tout maîtriser. Une, deux ou trois citations suffisent selon les sujets. Vous perdriez du temps sur ce qui est le cœur de votre copie : votre propre réflexion, votre propre démarche, et le travail que vous avez déjà effectué tout au long de l'année et des années précédentes. La citation sera un plus appréciable, mais ne compensera jamais une copie mal rédigée ou mal organisée. Car, avant la citation, c'est votre capacité à ordonner vos idées et votre intelligence qui feront la différence.

Alors, profitez de ce livre en prenant le temps, en vous attardant et en dégustant ces citations. C'est une autre manière de réviser que les auteurs réunis ici proposent. Une autre manière de rentrer dans les sujets du bac, propre à nourrir votre réflexion, votre intelligence des sujets et votre mémoire.

Bonne lecture !

Benoit Falaize,
agrégé d'histoire

FRANÇAIS

Poésie

XIXe - XXe SIÈCLE

Cet objet d'étude, concentré sur le genre poétique dans une perspective temporelle resserrée, vise à envisager le développement du romantisme et les esthétiques qui lui ont directement succédé, grâce à un choix de trois œuvres intégrales, chacune liée à un parcours spécifique. On s'attachera, pour chaque œuvre, à mettre en évidence la quête du sens liée à l'emploi singulier de la langue, dans sa dimension sémantique autant qu'auditive ou visuelle.

On travaillera également sur les effets produits par l'écriture et la composition des recueils.

La perspective en termes de compétence est de développer la lecture oralisée et la mémorisation, ainsi que l'appropriation et l'effort d'interprétation de l'œuvre.

POINT PROGRAMME

Nous vous proposons ci-après une présentation succincte de chacun des recueils poétiques proposés, accompagnée d'un choix de citations. Chacune d'elles permet de réfléchir sur un aspect particulier du recueil, renvoyant au parcours associé, à la spécificité du texte, à un élargissement possible à l'histoire littéraire. L'une de ces citations est analysée précisément en exemple.

Programme pour les premières générales et technologiques

POÉSIE XIXe - XXe siècle

3 lectures linéaires d'extraits de l'œuvre en 1e générale,
2 lectures linéaires d'extraits de l'œuvre en 1e technologique
3 lectures linéaires au choix liées au parcours en 1e générale,
2 lectures linéaires au choix liées au parcours en 1e technologique
Lecture(s) cursive(s)

Victor HUGO, *Les Contemplations* (livres I à IV)
« Les Mémoires d'une âme »

Charles BAUDELAIRE, *Les Fleurs du Mal*
« Alchimie poétique : la boue et l'or »

Guillaume APOLLINAIRE, *Alcools*
« Modernité poétique ? »

Les Contemplations

Victor Hugo (livre I à IV)

« Les Mémoires d'une âme »

Victor Hugo publie *Les Contemplations* en 1856, alors qu'il est exilé à Guernesey. Le recueil, qui rassemble des poèmes écrits entre 1830 et 1855, présente une perspective autobiographique, comme l'indique d'ailleurs le sous-titre, « Mémoires d'une âme ». Le point de départ de l'entreprise est la mort accidentelle le 4 septembre 1843 de Léopoldine, fille aînée du poète, qui structure le recueil en deux parties : « Autrefois » et « Aujourd'hui ». Hugo évoque dans ces poèmes toute sa vie, depuis l'« Aurore » (partie I) jusqu'« Au bord de l'infini » (livre VI), évoquant ses luttes, sociales et personnelles, son engagement, ses joies et ses douleurs, l'ensemble formant le portrait protéiforme d'un homme à la fois poète, politique, père, amoureux, dans une esthétique envahie par la colère, le deuil, la religion et la nature.

Analyse d'une citation

« Demain, dès l'aube, à l'heure où blanchit la campagne,
Je partirai. Vois-tu, je sais que tu m'attends.
J'irai par la forêt, j'irai par la montagne.
Je ne puis demeurer loin de toi plus longtemps. »

(*Pauca meae*, livre IV)

Cette strophe est la première d'un des poèmes les plus célèbres du recueil, « Demain, dès l'aube… » qui semble concentrer l'entreprise de Hugo. Le poète s'adresse à sa fille morte, lors d'un pèlerinage vers sa tombe, dans un style épuré qui traduit l'amour intense et la peine ressentie. La récurrence du « je » témoigne de la confidence personnelle, qui est à l'œuvre dans tout le recueil, et le choix de l'alexandrin est typique de l'auteur, trahissant la permanence d'un rythme malgré tout bousculé et instable autant que narratif.

Sélection de citations à exploiter

« Vingt-cinq années sont dans ces deux volumes. *Grande mortalis aevi spatium.* L'auteur a laissé, pour ainsi dire, ce livre se faire en lui. La vie, en filtrant goutte à goutte à travers les événements et les souffrances, l'a déposé dans son cœur. Ceux qui s'y pencheront retrouveront leur propre image dans cette eau profonde et triste, qui s'est lentement amassée là, au fond d'une âme. »

(Préface)

« Tous les mots à présent planent dans la clarté.
Les écrivains ont mis la langue en liberté. »

(I, 7 « Réponse à un acte d'accusation »)

« Je rêvais dans un grand cimetière désert ;
De mon âme et des morts j'écourtais le concert,
Parmi les fleurs de l'herbe et les croix de la tombe.
Dieu veut que ce qui naît sorte de ce qui tombe. »

(I, 18 « Les Oiseaux »)

« Oui, je suis le rêveur ; je suis le camarade
Des petites fleurs d'or du mur qui se dégrade,
Et l'interlocuteur des arbres et du vent. »

(I, 27 « Oui, je suis le rêveur... »)

« Le chagrin – âge et deuil, hélas ! ont le même air, –
Assombrit chaque trait de mon visage amer,
Et m'y creuse une ride avec sa main pesante,
Joyeux, j'ai vingt-cinq ans ; triste, j'en ai soixante. »

(II, 8 « Tu peux, comme il te plaît... »)

« Moi, je préfère, ô fontaines !
Moi, je préfère, ô ruisseaux !
Au Dieu des grands capitaines,
Le Dieu des petits oiseaux ! »

(II, 18, « Je sais bien qu'il est d'usage... »)

« Où vont tous ces enfants, dont pas un seul ne rit ?
Ces doux êtres pensifs, que la fièvre maigrit ?
Ces filles de huit ans, qu'on voit cheminer seules ?
Ils s'en vont travailler quinze heures sous des meules ;
Ils vont, de l'aube au soir, faire éternellement
Dans la même prison le même mouvement. »

(III, 2 « *Melancholia* »)

« [...] Nous autres hommes,
Le peu que nous faisons, et le rien que nous sommes,
Emplit notre pensée, et dans nos regards vains
Brillent nos plans chétifs que nous croyons divins. »

(III, 29 « Baraques de la foire »)

« Je suis plein de regrets. Brisé par la souffrance,
L'esprit profond d'Hermann est vide d'espérance.
Je suis plein de regrets. Ô mes amours, dormez ! »

(IV, 12 « À quoi songeaient deux cavaliers dans la forêt »)

« Maintenant que du deuil qui m'a fait l'âme obscure
Je sors, pâle et vainqueur,
Et que je sens la paix de la grande nature
Qui m'entre dans le cœur. »

(IV, 15 « À Villequier »)

Les Fleurs du Mal

Charles Baudelaire

« Alchimie poétique : la boue et l'or »

En 1857 paraît le recueil de poèmes de Charles Baudelaire intitulé *Les Fleurs du Mal*. L'auteur, accusé d'outrage à la morale publique, doit finalement retirer certaines pièces avant la publication. Pourquoi ? Le poète y propose une vision du monde, de l'envers du monde, choquante et qui bouscule les conventions, le monde des « pauvresses », des « débauchés » et des « agonisants », des « charognes » et des « chauves-souris ». La noirceur, la laideur, la dissonance, l'inattendu, la mélancolie, mais aussi le souvenir et l'oubli accompagnent le voyage érotico-dépressif qui nous mène de *Spleen et Idéal* à *La Mort*. Baudelaire plonge dans la vérité du monde pour en extraire, par le travail poétique, la nouvelle et surprenante Beauté.

Analyse d'une citation

« Ô vous, soyez témoin que j'ai fait mon devoir
Comme un parfait chimiste et comme une âme sainte,
Car j'ai de chaque chose extrait la quintessence,
Tu m'as donné ta boue et j'en ai fait de l'or. »

(Ébauche d'épilogue pour la seconde édition)

Cette citation vient conclure le recueil en en exaltant le projet alchimique de transformation du monde. Ces données poétiques auxquelles le lecteur est habitué ont bougé ; maintenant c'est la « boue » le matériau poétique dont l'auteur va tirer « l'or ». L'assimilation triviale du poète au chimiste répondant, simultanément aux aspirations divines, donne l'image perpétuellement double qui préside au recueil : la réversibilité du monde.

Sélection de citations à exploiter

« Tu le connais, lecteur, ce monstre délicat,
– Hypocrite lecteur, – mon semblable, – mon frère ! »

(« Au lecteur »)

« Le Poète est semblable au prince des nuées
Qui hante la tempête et se rit de l'archer ;
Exilé sur le sol au milieu des huées,
Ses ailes de géant l'empêchent de marcher. »

(*Spleen et Idéal,* « L'Albatros »)

« Parfois il parle et dit : "Je suis belle et j'ordonne
Que pour l'amour de moi vous n'aimiez que le Beau." »

(*Spleen et Idéal,* « Que diras-tu ce soir... »)

« Vous êtes un beau ciel d'automne, clair et rose !
Mais la tristesse en moi monte comme la mer,
Et laisse, en refluant sur ma lèvre morose
Le souvenir cuisant de son limon amer. »

(*Spleen et Idéal,* « Causerie »)

« Par toi je change l'or en fer
Et le paradis en enfer »

(*Spleen et Idéal,* « Alchimie de la douleur »)

« Je vais m'exercer seul à ma fantasque escrime,
Flairant dans tous les coins les hasards de la rime,
Trébuchant sur les mots comme sur les pavés,
Heurtant parfois des vers depuis longtemps rêvés. »

(*Tableaux parisiens,* « Le Soleil »)

« Quand ainsi qu'un poète, il descend dans les villes,
Il ennoblit le sort des choses les plus viles. »

(*Tableaux parisiens,* « Le Soleil »)

« L'aurore grelottante en robe rose et verte
S'avançait lentement sur la Seine déserte,
Et le sombre Paris, en se frottant les yeux,
Empoignait ses outils, vieillard laborieux. »

(*Tableaux parisiens,* « Le Crépuscule du matin »)

« Voici le soir charmant, ami du criminel ;
Il vient comme un complice, à pas de loup ; le ciel
Se ferme lentement comme une grande alcôve,
Et l'homme impatient se change en bête fauve. »

(*Tableaux parisiens,* « Le Crépuscule du soir »)

« Nous voulons, tant ce feu nous brûle le cerveau,
Plonger au fond du gouffre, Enfer ou Ciel, qu'importe ?
Au fond de l'Inconnu pour trouver du nouveau ! »

(*La Mort,* « Le Voyage »)

Alcools

Guillaume Apollinaire

« Modernité poétique »

FRANÇAIS poésie

En avril 1913, Guillaume Apollinaire publie son recueil *Alcools*, ensemble de cinquante poèmes aux échos autobiographiques, où les amours malheureuses, la confidence et la fuite du temps voisinent avec l'éclatant et tonitruant monde moderne, où les rythmes sonores soutiennent les collages d'inspiration cubiste des images, où l'expression du « je » côtoie la fascination industrielle. L'absence délibérée de ponctuation, la conjonction des mots rares avec le vocabulaire trivial, l'explosion de la modernité alliée à une sentimentale mélancolie, en fait le nouveau lyrisme qu'invente Apollinaire, font de ce recueil un hymne à la modernité qui bouscule le lecteur à chaque page.

Analyse d'une citation

« À la fin tu es las de ce monde ancien »

(« Zone »)

Ce vers isolé est le premier de « Zone » et donc le premier vers du recueil : ce commentaire personnel apparaît au lecteur comme une injonction paradoxale. D'abord, le poème et le recueil commencent donc par la fin : la fin du « monde ancien », cette « antiquité grecque et romaine » du vers 3. Mais ce mouvement d'humeur met en place aussi le choix de l'autobiographie ; le « tu » est peut-être le lecteur auquel s'adresse Apollinaire en le malmenant, il est sûrement le narrateur dédoublé qui se parle à lui-même. Ce vers est un cri sur lequel s'ouvre le recueil, un cri qui rejette absolument la tradition. Apollinaire suggère ainsi le besoin vital de nouveauté, qui va donner, par ce choc initial, sa dynamique au recueil.

Sélection de citations à exploiter

« J'aime la grâce de cette rue industrielle »

(« Zone»)

« Adieu faux amour confondu
Avec la femme qui s'éloigne
Avec celle que j'ai perdue
L'année dernière en Allemagne
Et que je ne reverrai plus »

(« La Chanson du Mal-Aimé »)

« Dame de mes pensées au cul de perle fine
Dont ni perle ni cul n'égale l'orient »

(« Palais »)

« Sonneries électriques des gares chant des moissonneuses
Traîneau d'un boucher régiment des rues sans nombre
Cavalerie des ponts nuits livides de l'alcool
Les villes que j'ai vues vivaient comme des folles »

(« Le Voyageur »)

« Un jour je m'attendais moi-même
Je me disais Guillaume il est temps que tu viennes
Pour que je sache enfin celui-là que je suis »

(« Cortège »)

« Près du passé luisant demain est incolore »

(« Cortège »)

« J'ai jeté dans le noble feu
Que je transporte et que j'adore
De vives mains et même feu
Ce Passé ces têtes de morts
Flamme je fais ce que tu veux »

(« Le Brasier »)

« Mon verre s'est brisé comme un éclat de rire »

(« Nuit rhénane »)

« Les becs de gaz pissaient leur flamme au clair de lune »

(« Les Fiançailles »)

« Écoutez-moi je suis le gosier de Paris
Et je boirai encore s'il me plaît l'univers »

(« Vendémiaire »)

Littérature d'id

XVIe - XVIIIe SIÈCLE

Cet objet d'étude consacré à la culture humaniste est travaillé à partir d'une œuvre intégrale à laquelle est attaché un parcours spécifique, indiqué dans le programme. La littérature d'idées permet de se forger un esprit critique en renforçant les capacités de réflexion approfondie, en travaillant la logique et la cohérence du raisonnement argumenté.

L'histoire littéraire est particulièrement convoquée dans l'étude de ces œuvres qui multiplient les champs de connaissances (philosophie, politique, société) : il s'agit de travailler les liens entre les idées et les contextes qui les voient naître. Les compétences principalement concernées sont ici la contraction de texte, l'essai, la dissertation, et plus généralement la rédaction d'écrits argumentatifs de diverses formes, auxquelles on adjoint pour l'oral l'exercice du débat.

ées

POINT PROGRAMME

Nous vous proposons ici une présentation rapide de chacune des œuvres proposées avec un choix de citations. Chaque citation permet de réfléchir sur un aspect particulier du texte, renvoyant au parcours associé, à la spécificité du texte, à un élargissement possible à l'histoire littéraire. Une citation est analysée précisément en exemple.

Programme pour les premières générales

LITTÉRATURE D'IDÉES XVIe- XVIIIe siècle

3 lectures linéaires d'extraits de l'œuvre

3 lectures linéaires au choix liées au parcours

Lecture(s) cursive(s)

MONTAIGNE, *Des Cannibales* (I, 31) et *Des Coches* (III,6)
« Notre monde vient d'en trouver un autre »

Jean de LA FONTAINE, *Fables* (livres VII à XI)
« Imagination et pensée au XVIIè siècle »

MONTESQUIEU, *Lettres persanes*
« Le regard éloigné »

Programme pour les premières technologiques

LITTÉRATURE D'IDÉES XVIe - XVIIIe siècle

2 lectures linéaires d'extraits de l'œuvre

2 lectures linéaires au choix liées au parcours

Lecture(s) cursive(s)

MONTAIGNE, *Des Coches* (III,6)
« Notre monde vient d'en trouver un autre »

Jean de LA FONTAINE, *Fables* (livres VII à XI)
« Imagination et pensée au XVIIe siècle »

VOLTAIRE, *L'ingénu*
« Voltaire esprit des Lumières »

Des Cannibales (I,31)
Des Coches (III,6)

Michel de Montaigne

« Notre monde vient d'en trouver un autre »

C'est en 1588 que paraît la dernière version des *Essais* de Montaigne, comportant trois livres. Dans cette œuvre originale et unique, Montaigne partage avec son lecteur ses expériences, ses « essais », procédant « à sauts et à gambades », c'est-à-dire librement. Il y rend compte de ses réflexions, de ses observations dans une écriture familière et naturelle, sans artifice et sans érudition superflue, dans ce qu'il nommera lui-même une « confession ». Dans les deux chapitres au programme, Montaigne étudie plus spécifiquement la relativité des coutumes dans *Des Cannibales*. Dans *Des Coches*, Montaigne, après quelques détours, concentre sa réflexion sur la colonisation.

Des Cannibales

Analyse d'une citation

« Je pense qu'il y a plus de barbarie à manger un homme vivant qu'à le manger mort, à déchirer par tourments et par géhennes un corps encore plein de sentiment, à le faire rôtir par le menu, à le faire mordre et meurtrir aux chiens et aux pourceaux [...] que de le rôtir et manger après qu'il est trépassé. »

Cette comparaison des coutumes « cannibales » des Indiens Tupinambas avec celles des Européens montre la façon de réfléchir de Montaigne, à partir d'une expérience directe, et de lutter contre les préjugés et l'ethnocentrisme.

Sélection de citations à exploiter

« Voilà comment il faut se garder de s'attacher aux opinions vulgaires, et il les faut juger par la voie de la raison, non par la voix commune. »

« Ce n'est pas raison que l'art gagne le point d'honneur sur notre grande et puissante mère nature. Nous avons tant rechargé la beauté et la richesse de ses ouvrages par nos inventions que nous l'avons du tout étouffée. »

« Or je trouve, pour revenir à mon propos, qu'il n'y a rien de barbare et de sauvage en cette nation, à ce qu'on m'en a rapporté, sinon que chacun appelle barbarie ce qui n'est pas de son usage. »

« Ils avaient aperçu qu'il y avait parmi nous des hommes pleins et gorgés de toutes sortes de commodités, et que leurs moitiés [c'est-à-dire les autres hommes] étaient mendiants à leurs portes, décharnés de faim et de pauvreté. »

« Tout cela ne va pas trop mal. Mais quoi ? Ils ne portent point de haut-de-chausses. »

Des Coches

Analyse d'une citation

« Après avoir donné quelques preuves que la crainte peut produire le mal de mer, il (Plutarque) attribue à cette cause les soulèvements d'estomac qu'éprouvent ceux qui voyagent sur mer. Moi qui suis fort sujet à ce mal, je sais pertinemment que, chez moi, la crainte n'en est pas la cause, et je le sais non par conjectures mais par expérience. »

Cette citation nous renseigne sur la manière dont fonctionnent la pensée et l'écriture de Montaigne : alliant le recours à la connaissance et à l'autorité (ici, celle du philosophe grec Plutarque) à l'expérience personnelle, il témoigne ainsi de l'originalité d'une réflexion en mouvement, dynamique et sincère.

Sélection de citations à exploiter

« La prévoyance s'applique également à ce qui nous touche en bien comme en mal ; considérer et apprécier le danger est, en quelque sorte, le contraire de s'en effrayer. »

« Ces inventions étranges me mettent en tête l'idée que c'est une sorte de pusillanimité de la part des monarques, et un témoignage qu'ils ne comprennent pas assez ce qu'ils sont, que de chercher, par des dépenses excessives, à se faire valoir et à paraître. »

« Quand tout ce qui, des temps passés, est venu jusqu'à nous, serait vrai et connu, ce serait encore moins que rien auprès de ce que nous ignorons. »

« Notre monde vient d'en découvrir un autre (et qui nous garantit que ce soit le dernier de ses frères, puisque les Démons, les Sibylles, et nous, en ignorions jusqu'ici l'existence ?) qui n'est pas moins grand, moins peuplé, moins organisé que le nôtre. »

« C'était un monde dans l'enfance ; ne l'avons-nous pas fouetté et asservi à nos errements, en abusant de notre supériorité et des forces dont nous disposions ? En tout cas, nous ne l'avons pas conquis par notre justice et notre bonté, ni subjugué par notre magnanimité. »

Fables (VII à IX ou VII à XI)

Jean de La Fontaine

« Imagination et pensée au XVIIe siècle »

Le *Second Recueil de Fables* paraît en 1678, La Fontaine ayant rencontré un grand succès avec le premier dix ans plus tôt. Ces textes en vers, proches du théâtre par la vivacité et le dynamisme du texte, ont cependant une autre qualité que de divertir le lecteur : il s'agit aussi de mettre en garde contre les défauts et les manquements de la société ou de la condition humaine. Ces deux principes (le « *placere et docere* », « plaire et instruire » du poète latin Horace) correspondent exactement aux exigences du classicisme, et La Fontaine les conjugue avec virtuosité, reprenant les fabulistes antiques en multipliant les ressources variées de l'écriture, l'hétérométrie, le discours direct, le commentaire auctorial. Ainsi, l'imagination suscite, traduit et prolonge la pensée.

Analyse d'une citation

« C'est (il s'agit de l'apologue) proprement un charme :
il rend l'âme attentive,
Ou plutôt il la tient captive,
Nous attachant à des récits
Qui mènent à son gré les cœurs et les esprits. »

Ces quelques vers sont extraits de la dédicace du *Second Livre* à Mme de Montespan, favorite de Louis XIV. Ils exposent à la fois le projet de La Fontaine, charmer, ensorceler par les mots et les vers autant que par les histoires, mais aussi le goût de chacun pour l'imagination, le déploiement de la fantaisie au service du sens critique indispensable à toute société.

Sélection de citations à exploiter

« Selon que vous serez puissant ou misérable,
Les jugements de Cour vous rendront blanc ou noir. »

(« Les Animaux malades de la peste », VII)

« Deux Coqs vivaient en paix : une Poule survint,
Et voilà la guerre allumée. »

(« Les Deux Coqs », VII)

« Du palais d'un jeune Lapin
Dame Belette, un beau matin,
S'empara : c'est une rusée. »

(« Le Chat, la Belette et le petit Lapin », VII)

« Son voisin au contraire, étant tout cousu d'or,
Chantait peu, dormait moins encor.
C'était un homme de finances. »

(« Le Savetier et le Financier », VIII)

« Qui d'eux aimait le mieux ? Que t'en semble, Lecteur ?
Cette difficulté vaut bien qu'on la propose.
Qu'un ami véritable est une douce chose ! »

(« Les Deux Amis », VIII)

« Je définis la Cour un pays où les gens
Tristes, gais, prêts à tout, à tout indifférents,
Sont ce qu'il plaît au Prince, ou, s'ils ne peuvent l'être,
Tâchent au moins de le paraître. »

(« Les Obsèques de la Lionne », VIII)

« Les gens sans bruit sont dangereux ;
Il n'en est pas ainsi des autres. »

(« Le Torrent et la Rivière », VIII)

« Je hais les pièces d'éloquence
Hors de leur place, et qui n'ont point de fin,
Et ne sais bête au monde pire
Que l'Écolier si ce n'est le Pédant.
Le meilleur de ces deux pour voisin, à vrai dire,
Ne me plairait aucunement. »

(« L'Écolier, le Pédant et le Maître d'un jardin », IX)

« Ce repas fait, il dit, d'un ton de président :
"Tenez, la cour vous donne à chacun une écaille
Sans dépens, et qu'en paix chacun chez soi s'en aille." »

(« L'Huître et les plaideurs », IX)

« Un octogénaire plantait.
"Passe encor de bâtir ; mais planter à cet âge !"
Disaient trois jouvenceaux, enfants du voisinage :
Assurément il radotait. »

(« Le Vieillard et les trois jeunes hommes », XI)

Lettres persanes

Montesquieu

« Le regard éloigné »

Cette « espèce de roman », selon les termes mêmes de l'auteur, est un roman épistolaire qui paraît anonymement en 1721 à Amsterdam, mais qui permet à son véritable auteur, Montesquieu, vite identifié, de connaître le succès. Montesquieu, dont c'est le seul roman, est un penseur des Lumières : l'analyse de la société, le pouvoir, la religion, la liberté intéressent particulièrement ce magistrat, et c'est le sujet de ce roman, les *Lettres persanes*, qui décrit et critique la société française – parisienne – sous la plume de visiteurs persans.

Usbek et Rica, les deux Persans voyageurs, voient tout d'un regard neuf et font ressortir, dans les lettres qu'ils envoient à leurs correspondants restés en Perse, ou en voyage à l'étranger, l'absurdité et le ridicule des institutions ou des usages que l'habitude fait trouver normales aux Français. La forme épistolaire permet de lier le romancier et le philosophe, le moraliste et le sociologue. Les lettres, décousues, sont des tranches de vie et de réflexion, mais ensemble, elles tissent l'histoire d'une vie : celle des épistoliers, celle du sérail, celle de Montesquieu.

Analyse d'une citation

« Ils leur faisaient surtout sentir que l'intérêt des particuliers se trouve toujours dans l'intérêt commun ; que vouloir s'en séparer, c'est vouloir se perdre, que la vertu n'est point une chose qui doive nous coûter ; qu'il ne faut point la regarder comme un exercice pénible ; et que la justice pour autrui est une charité pour nous. »

(Lettre XII)

Cette citation est extraite du groupe de lettres (XI à XIV) dans lesquelles Usbek développe les idées chères à Montesquieu et aux Lumières de liberté, de bonheur et de vertu, exposant l'idéal démocratique à travers l'apologue des troglodytes.

Sélection de citations à exploiter

« Rica et moi sommes peut-être les premiers parmi les Persans que l'envie de savoir ait fait sortir de leur pays, et qui aient renoncé aux douceurs d'une vie tranquille pour aller chercher laborieusement la sagesse. »

(Lettre Première, Usbek)

« Si vous vous écartez de votre devoir, je regarderai votre vie comme celle des insectes que je trouve sous mes pieds. »

(Lettre XXI, Usbek)

« Ce roi est un grand magicien : il exerce son empire sur l'esprit même de ses sujets ; il les fait penser comme il veut. »

(Lettre XXIV, Rica)

« Ce pape est le chef des chrétiens. C'est une vieille idole qu'on encense par habitude. »

(Lettre XXIX, Rica)

« Mais si quelqu'un, par hasard, apprenait à la compagnie que j'étais Persan, j'entendais aussitôt autour de moi un bourdonnement : "Ah ! Ah ! Monsieur est Persan ? C'est une chose bien extraordinaire ! Comment peut-on être Persan ?" »

(Lettre XXX, Rica)

« C'est une grande question, parmi les hommes, de savoir s'il est plus avantageux d'ôter aux femmes la liberté, que de la leur laisser. »

(Lettre XXXVIII, Rica)

« Dans la prison même où tu me retiens, je suis plus libre que toi : tu ne saurais redoubler tes attentions pour me faire garder, que je ne jouisse de tes inquiétudes, et de tes soupçons, ta jalousie, tes chagrins, sont autant de marques de ta dépendance. »

(Lettre LXII, Zélis)

« L'égalité même des citoyens, qui produit ordinairement de l'égalité dans les fortunes, porte l'abondance et la vie dans toutes les parties du corps politique, et la répand partout. »

(Lettre CXXII, Usbek)

« Les ministres se succèdent et se détruisent ici comme les saisons : depuis trois ans, j'ai vu changer quatre fois de système sur les finances. »

(Lettre CXXXVIII, Rica)

« J'ai pu vivre dans la servitude, mais j'ai toujours été libre. »

(Lettre CLXI, Roxane)

L'Ingénu

Voltaire

« Voltaire, esprit des Lumières »

Lorsque *L'Ingénu* paraît en 1867, Voltaire est probablement l'écrivain français le plus célèbre, pour ses écrits, et à travers eux, pour son combat permanent contre l'intolérance et l'injustice. Avec le conte philosophique, il a inventé un genre : celui de l'histoire amusante et fantaisiste qui propose une réflexion critique de la société en se jouant ainsi de la censure. Voltaire y déploie son écriture acérée, ironique, brillante, drôle et mordante à la fois. Le héros, un Huron surnommé « l'Ingénu », est un « bon sauvage », dont l'arrivée, en Bretagne et plus tard à Versailles, provoque un choc des cultures qui permet à Voltaire, au nom du naturel, d'examiner les mœurs françaises. Le récit raconte l'initiation à la civilisation du personnage, interrogeant ainsi le lecteur : comment concilier nature et culture ?

Analyse d'une citation

« Il mit par écrit beaucoup d'autres réflexions qui épouvantèrent le vieux Gordon. « Quoi ! dit-il en lui-même, j'ai consumé cinquante ans à m'instruire, et je crains de ne pouvoir atteindre au bon sens naturel de cet enfant presque sauvage ! Je tremble d'avoir laborieusement fortifié des préjugés ; il n'écoute que la simple nature. »

(Chapitre 11)

Ce passage se situe lors du « séjour » à la Bastille, quand l'Ingénu partage sa cellule avec le janséniste Gordon, qui l'instruit. Très vite, cet enseignement devient mutuel et cet échange permet à Voltaire de poser la question centrale du conte : il faut concilier la culture avec la nature.

Sélection de citations à exploiter

« Croyez-vous, disait Melle de Kerkabon, que notre belle-sœur ait été mangée par les Iroquois, comme on nous l'a dit ? »

(Chapitre 1)

« — On m'a toujours appelé l'Ingénu, reprit le Huron, et on m'a confirmé ce nom en Angleterre, parce que je dis toujours naïvement ce que je pense, comme je fais tout ce que je veux. »

(Chapitre 1)

« Est-il possible ? s'écria Melle de Kerkabon ; j'avais toujours cru que le français était la plus belle de toutes les langues après le bas-breton. »

(Chapitre 1)

« Il fallait l'instruire et cela paraissait difficile : car l'abbé de Saint-Yves supposait qu'un homme qui n'était pas né en France n'avait pas le sens commun. »

(Chapitre 2)

« Il passa une partie de la nuit à faire des vers en langue huronne pour sa bien-aimée : car il faut savoir qu'il n'y a aucun pays de la terre où l'amour n'ait rendu les amants poètes. »

(Chapitre 5)

« Il y a, dit-il [c'est l'abbé qui parle] je l'avoue, beaucoup d'inconstants et de fripons parmi nous, et il y en aurait autant chez les Hurons s'ils étaient rassemblés dans une grande ville ; mais il y a aussi des âmes sages, honnêtes, éclairées, et ce sont ces hommes-là qui ont fait les lois. Plus on est homme de bien, plus on doit s'y soumettre ; on donne l'exemple aux vicieux, qui respectent un frein que la vertu s'est donné elle-même. »

(Chapitre 6)

« Cette naïveté embarrassait fort le bonhomme ; il sentait qu'il faisait de vains efforts pour se tirer de ce bourbier, et il entassait tant de paroles qui paraissaient avoir du sens et qui n'en avaient point (dans le goût de la prémotion physique) que l'Ingénu en avait pitié. »

(Chapitre 10)

« La lecture agrandit l'âme, et un ami éclairé la console. »

(Chapitre 11)

« Enfin, pour dernier prodige, un Huron convertissait un janséniste. »

(Chapitre 14)

« Il prit pour sa devise : *malheur est bon à quelque chose.* Combien d'honnêtes gens dans le monde ont pu dire : *malheur n'est bon à rien !* »

(Chapitre 20, dernière phrase)

Roman et récit

MOYEN ÂGE - XXIe SIÈCLE

Cet objet d'étude consacré au genre romanesque est travaillé (à l'instar des trois autres) à partir d'une œuvre intégrale à laquelle est attaché un parcours spécifique, indiqué dans le programme. L'objectif est de parvenir à une maîtrise de l'œuvre proposée, en étant attentif en particulier à la vision du monde proposée par l'œuvre, à l'analyse des choix narratifs, au système des personnages. Cet objectif permet au lycéen de développer une réflexion personnelle et ainsi d'être à même de composer une dissertation à partir d'une question littéraire portant sur l'une des œuvres et son parcours associé.

La perspective en termes de compétences est de développer l'autonomie de lecture, d'appropriation et d'interprétation de l'œuvre, d'une part, et d'exercer et renforcer l'expression écrite et l'expression orale.

POINT PROGRAMME

Nous vous proposons ici une présentation rapide de chacun des romans proposés avec un choix de citations. Chaque citation permet de réfléchir sur un aspect particulier du roman, renvoyant au parcours associé, à la spécificité du texte, à un élargissement possible à l'histoire littéraire. Une citation est analysée précisément en exemple.

Programme pour les premières générales

ROMAN ET RÉCIT Moyen Âge - XXIe siècle

3 lectures linéaires d'extraits de l'œuvre

3 lectures linéaires au choix liées au parcours

Lecture(s) cursive(s)

Madame de LAFAYETTE, *La Princesse de Clèves*
« Individu, morale et société »

STENDHAL, *Le Rouge et le Noir*
« Le personnage de roman : esthétique et valeurs »

Marguerite YOURCENAR, *Mémoires d'Hadrien*
« Soi-même comme un autre »

Programme pour les premières technologiques

ROMAN ET RÉCIT Moyen Âge - XXIe siècle

2 lectures linéaires d'extraits de l'œuvre

2 lectures linéaires au choix liées au parcours

Lecture(s) cursive(s)

Madame de LAFAYETTE, *La Princesse de Clèves*
« Individu, morale et société »

Jules VERNE, *Voyage au centre de la Terre*
« Science et fiction »

Nathalie SARRAUTE, *Enfance*
« Récit et connaissance de soi »

La Princesse de Clèves

Madame de Lafayette

« Individu, morale et société »

Ce court roman classique de Madame de Lafayette paraît en 1678 et met en scène une jeune fille de quinze ans à la Cour d'Henri II, Mademoiselle de Chartres. Devenue très vite princesse de Clèves par un mariage raisonnable, elle tombe amoureuse du beau duc de Nemours. Le roman – premier roman psychologique de l'histoire de la littérature française – expose les affres d'une passion combattue opiniâtrement au nom de la morale, et la résistance d'une jeune femme aux tentations d'une Cour frivole et cruelle.

Analyse d'une citation

« J'avoue que les passions peuvent me conduire ; mais elles ne sauraient m'aveugler. »

Cette phrase est prononcée par la princesse de Clèves et adressée à celui qu'elle aime, le duc de Nemours, lors de leur unique conversation privée, à la fin du roman (tome IV). Elle met en cause la morale du « Grand Siècle », qui condamne les passions jugées dangereuses, car privant l'individu de sa raison. On voit ici que le personnage éponyme lutte contre sa passion avec une grande lucidité (le verbe « avouer » en témoigne) : elle l'accepte provisoirement, mais refuse d'en être l'esclave. Cette « honnête femme », idéal de vertu du XVIIe siècle, montre une connaissance et une maîtrise de soi admirables.

Sélection de citations à exploiter

« La magnificence et la galanterie n'ont jamais paru en France avec tant d'éclat que dans les dernières années du règne d'Henri second. »

(Tome I, incipit)

« Il parut alors une beauté à la Cour, qui attira les yeux de tout le monde, et l'on doit croire que c'était une beauté parfaite, puisqu'elle donna de l'admiration dans un lieu où l'on était si accoutumé à voir de belles personnes. »

(Tome I, l'entrée de Melle de Chartres à la Cour)

« Madame de Chartres admirait la sincérité de sa fille, et elle l'admirait avec raison, car jamais personne n'en a eu une si grande et si naturelle. »

(Tome I)

« Je n'ai jamais vu une femme avoir une conduite si honnête et si agréable à l'égard de son amant ; néanmoins j'étais toujours choqué de son affectation à paraître encore affligée. »

(Tome II, histoire enchâssée de Mme de Tournon contée par M. de Clèves)

« Elle trouva qu'il était presque impossible qu'elle pût être contente de sa passion. "Mais quand je le pourrais être, disait-elle, qu'en veux-je faire ? Veux-je la souffrir ? Veux-je y répondre ? Veux-je m'engager dans une galanterie ? Veux-je manquer à M. de Clèves ? Veux-je me manquer à moi-même ? Et veux-je enfin m'exposer aux cruels repentirs et aux mortelles douleurs que donne l'amour ? Je suis vaincue et surmontée par une inclination qui m'entraîne malgré moi." »

(Tome III)

« Je vais vous faire un aveu que l'on n'a jamais fait à un mari, mais l'innocence de ma conduite et de mes intentions m'en donne la force. Il est vrai que j'ai des raisons de m'éloigner de la Cour et que je veux éviter les périls où se trouvent quelquefois les personnes de mon âge. »

(Tome III, l'aveu à M. de Clèves)

« J'ai de la force pour taire ce que je ne crois pas devoir dire. L'aveu que je vous ai fait n'a pas été par faiblesse, et il faut plus de courage pour avouer cette vérité que pour entreprendre de la cacher. »

(Tome III, Mme de Clèves à son mari, après l'aveu)

« — Ah ! Monsieur, reprit-elle, il n'y a pas dans le monde une autre aventure pareille à la mienne ; il n'y a point une autre femme capable de la même chose. »

(Tome III, Mme de Clèves à son mari)

« Le mal du roi se trouva si considérable que, le septième jour, il fut désespéré des médecins. Il reçut la certitude de sa mort avec une fermeté extraordinaire et d'autant plus admirable qu'il perdait la vie par un accident si malheureux, qu'il mourait à la fleur de son âge, heureux, adoré de ses peuples et aimé d'une maîtresse qu'il aimait éperdument. »

(Tome III, la mort d'Henri II)

« Elle passait une partie de l'année dans cette maison religieuse et l'autre chez elle, mais dans une retraite et dans des occupations plus saintes que celles des couvents les plus austères, et sa vie, qui fut assez courte, laissa des exemples de vertu inimitable. »

(Tome IV, dernière phrase)

Le Rouge et le Noir

Stendhal

« Le personnage de roman : esthétique et valeurs »

Stendhal publie *Le Rouge et le Noir* (dont le premier titre était *Julien*) en 1830, et c'est son deuxième roman. Son intention est d'y « peindre la France telle qu'elle est en 1830 », et pourtant, le roman n'est pas vraiment d'esthétique réaliste, Stendhal ne recherche pas absolument le détail et l'exactitude, et sa peinture sociale passe par son héros, Julien Sorel, d'extraction populaire : un jeune homme ambitieux qui cherche à échapper à ses origines et se servira des femmes, Mme de Rênal, puis Mathilde de La Mole, pour y parvenir. Constamment partagé entre sa naïveté romantique, son besoin de reconnaissance et son arrivisme, très intelligent, Julien mène le lecteur à sa guise dans une société aristocratique qu'il critique, qu'il découvre surtout *nil mirari*, comme lui rappelle son mentor l'abbé Pirard citant Horace, c'est-à-dire : « Jamais d'enthousiasme ».

Analyse d'une citation

« Le lecteur voudra bien nous permettre de donner très peu de faits clairs et précis sur cette époque de la vie de Julien. Ce n'est pas qu'ils nous manquent, bien au contraire ; mais peut-être ce qu'il vit au séminaire est-il trop noir pour le coloris modéré que l'on a cherché à conserver dans ces feuilles. »

(Chapitre XXVII, « Première expérience de la vie »)

Ce début de chapitre est un bon exemple du « réalisme subjectif » de Stendhal : il ne s'agit pas de décrire précisément une époque, un milieu ou un héros, mais plutôt de les commenter, par des interventions récurrentes du narrateur.

Sélection de citations à exploiter

« Julien lisait. Rien n'était plus antipathique au vieux Sorel ; il eût peut-être pardonné à Julien sa taille mince, peu propre aux travaux de force, et si différente de celle de ses aînés ; mais cette manie de lecture lui était odieuse, il ne savait pas lire lui-même. »

(Partie I, chapitre IV, « Un père et son fils »)

« Cette main se retira bien vite ; mais Julien pensa qu'il était de son devoir d'obtenir que l'on ne retirât pas cette main quand il la touchait. »

(Chapitre VIII, « Petits événements »)

« Je ne suis pas du bois dont on fait les grands hommes, puisque je crains que huit années passées à me procurer du pain, ne m'enlèvent cette énergie sublime qui fait faire les choses extraordinaires. »

(Chapitre XII, « Un voyage »)

« Ton petit précepteur m'inspire beaucoup de méfiance, lui disait quelquefois madame Derville. Je lui trouve l'air de penser toujours et de n'agir qu'avec politique. C'est un sournois. »

(Chapitre XIV, « Les ciseaux anglais »)

« Je ne vous cacherai pas que le jeune comte de La Mole doit vous mépriser d'abord, parce que vous n'êtes qu'un bourgeois. »

(Partie II, chapitre I, « Les plaisirs de la campagne »)

« Malgré le bon ton, la politesse parfaite, l'envie d'être agréable, l'ennui se lisait sur tous les fronts. »

(Chapitre IV, « L'hôtel de La Mole »)

« Vous n'avez pas compris votre siècle, lui disait le prince Korasoff : *Faites toujours le contraire de ce qu'on attend de vous*. Voilà, d'honneur, la vraie religion de l'époque. »

(Chapitre VII, « Une attaque de goutte »)

« C'était le plus vif bonheur d'ambition, et Julien était surtout ambitieux. »

(Chapitre XVI, « Une heure du matin »)

« Après tout, pensait-il, mon roman est fini, et à moi seul tout le mérite. J'ai su me faire aimer de ce monstre d'orgueil, ajoutait-il en regardant Mathilde ; son père ne peut vivre sans elle, et elle sans moi. »

(Chapitre XXXIV, « Un homme d'esprit »)

« Il est singulier pourtant que je n'aie connu l'art de jouir de la vie que depuis que j'en vois le terme si près de moi. »

(Chapitre XL, « La tranquillité »)

Voyage au centre de la Terre

Jules Verne

« Science et fiction »

Roman et récit

FRANÇAIS

Voyage au centre de la Terre, publié en 1864, est un roman d'aventures de Jules Verne mettant en scène un savant cristallographe allemand, Otto Lidenbrock, passionné et têtu, et son jeune neveu Axel, le narrateur de l'histoire. Les deux personnages partent en expédition en Islande, sur les traces d'un alchimiste de la Renaissance, au cœur du volcan Snaefellsjökull, pour découvrir le centre de la Terre. Jules Verne concilie le réel et l'imaginaire à travers les aventures dépaysantes et merveilleuses de son « savant fou », entre la réalité scientifique de l'époque et notamment l'enthousiasme soulevé par les deux jeunes sciences que sont la paléontologie et la géologie – la minéralogie en particulier –, et le récit détaillé d'une expédition impossible aux limites du monde connu.

Analyse d'une citation

« En effet, je me trouvais en présence de produits de la terre, mais taillés sur un patron gigantesque. Mon oncle les appela immédiatement de leur nom. “Ce n'est qu'une forêt de champignons”, dit-il. Et il ne se trompait pas. [...] Ils étaient là par milliers ; la lumière ne parvenait pas à percer leur épais ombrage, et une obscurité complète régnait sous ces dômes juxtaposés comme les toits ronds d'une cité africaine. »

(Chapitre 30)

Cette longue citation est un bon exemple de l'art de Jules Verne : s'y mêlent les émotions de l'inquiétude, de l'enthousiasme et de l'admiration, et la description d'un monde juste décalé, à côté du nôtre, déformé, qui est visible à travers les images (comparaisons, métaphores) que l'auteur adresse à notre imagination.

Sélection de citations à exploiter

« Il professait “subjectivement”, suivant une expression de la philosophie allemande, pour lui et non pour les autres. C'était un savant égoïste, un puits de science dont la poulie grinçait quand on en voulait tirer quelque chose. »

(Chapitre 1)

« Il y a en minéralogie bien des dénominations semi-grecques, semi-latines, difficiles à prononcer, de ces rudes appellations qui écorcheraient les lèvres d'un poète. Je ne veux pas dire du mal de cette science. Loin de moi. Mais lorsqu'on se trouve en présence des cristallisations rhomboédriques, des résines rétinasphaltes, des ghélénites, des fangasites, des molybdates de plomb, des tungstates de manganèse et des titianates de zircone, il est permis à la langue la plus adroite de fourcher. »

(Chapitre 1)

« J'avoue que je mordis avec appétit aux sciences géologiques ; j'avais du sang de minéralogiste dans les veines, et je ne m'ennuyais jamais en compagnie de mes précieux cailloux. »

(Chapitre 1)

« Des arguments scientifiques pouvaient seuls arrêter le professeur Lidenbrock ; or, il y en avait, et de bons, contre la possibilité d'un pareil voyage. Aller au centre de la Terre ! Quelle folie ! »

(Chapitre 6)

« Venais-je d'entendre les spéculations insensées d'un fou ou les déductions scientifiques d'un grand génie ? En tout cela, où s'arrêtait la vérité, où commençait l'erreur ? »

(Chapitre 7)

« Le soir, après avoir coupé à gué deux rivières riches en truites et en brochets, l'Alfa et l'Heta, nous fûmes obligés de passer la nuit dans une masure abandonnée, digne d'être hantée par tous les lutins de la mythologie scandinave. »

(Chapitre 13)

« Quand la science a prononcé, il n'y a plus qu'à se taire. »

(Chapitre 14)

« Maintenant, Axel, s'écria le professeur d'une voix enthousiaste, nous allons nous enfoncer véritablement dans les entrailles du globe. Voici donc le moment précis où notre voyage commence. »

(Chapitre 18)

« Le lendemain soir, grâce à l'habileté du guide, le radeau était terminé ; il avait dix pieds de long sur cinq de large ; les poutres de surtarbrandur, reliées entre elles par de fortes cordes, offraient une surface solide, et une fois lancée, cette embarcation improvisée flotta tranquillement sur les eaux de la mer Lidenbrock. »

(Chapitre 31)

« Cependant mon imagination m'emporte dans les merveilleuses hypothèses de la paléontologie. Je rêve tout éveillé. »

(Chapitre 32)

Mémoires d'Hadrien

Marguerite Yourcenar

« Soi-même comme un autre »

Ce roman, publié en 1951, est une œuvre étonnante, car elle prend la forme d'une longue lettre que l'empereur romain Hadrien (76-138) adresse au futur empereur Marc-Aurèle, alors que, vieillissant, il prépare sa mort. La lettre mêle constamment des réflexions sur sa vie, ses amours et aussi sur son rôle dans l'histoire. Le texte prend ainsi des allures de mémoires plus que d'autobiographie. Il se remémore ses espoirs, ses douleurs et ses doutes, dans un texte protéiforme mêlant à l'histoire et au romanesque la poésie et la philosophie. Et nous, lecteurs, sommes plongés dans sa conscience et dans ses pensées, et nous retrouvons les nôtres.

Le projet de Marguerite Yourcenar a été pensé avant la Seconde Guerre mondiale, composé au moment de la reconstruction du monde, entrepris autour des angoisses, des dangers et des espoirs. Ainsi, ces mémoires fictivement si éloignées dans le temps d'un empereur pacificateur ont des résonances sur notre monde et notre condition aujourd'hui encore.

Analyse d'une citation

« Le véritable lieu de naissance est celui où l'on a porté pour la première fois un regard intelligent sur soi-même : mes premières patries ont été des livres. »

(*Varius multiplex multiformis*)

Cette phrase, inscrite au cœur de la réflexion d'Hadrien sur les origines, renvoie très directement au parcours : « Soi-même comme un autre » dans le sens où il est question de la construction du sujet. Yourcenar pose le problème de la « véritable naissance » qui, selon elle, est associée au développement de la réflexion intellectuelle, issue de la lecture, ou plutôt des lectures, donc de la confrontation avec d'autres que soi. Ainsi, il est possible de commencer à accéder à la lucidité.

Sélection de citations à exploiter

À propos du sommeil, de « siestes foudroyantes » : « Si totale était l'éclipse, que j'aurais pu chaque fois me retrouver autre, et je m'étonnais, ou parfois m'attristais, du strict agencement qui me ramenait de si loin dans cet étroit canton d'humanité qu'est moi-même. »

« Peu à peu, cette lettre commencée pour t'informer des progrès de mon mal est devenue le délassement d'un homme qui n'a plus l'énergie nécessaire pour s'appliquer longuement aux affaires d'État, la méditation écrite d'un malade qui donne audience à ses souvenirs. Je me propose maintenant davantage : j'ai formé le projet de te raconter ma vie. »

« Comme tout le monde, je n'ai à mon service que trois moyens d'évaluer l'existence humaine : l'étude de soi, la plus difficile et la plus dangereuse, mais aussi la plus féconde des méthodes ; l'observation des hommes, qui s'arrangent le plus souvent pour nous cacher leurs secrets ou pour nous faire croire qu'ils en ont ; les livres, avec les erreurs particulières de perspective qui naissent entre leurs lignes. »

(*Animula vagula blandula*)

« Je ne méprise pas les hommes. Si je le faisais, je n'aurais aucun droit, ni aucune raison, d'essayer de les gouverner. Je les sais vains, ignorants, avides, inquiets, capables de presque tout pour réussir, pour se faire valoir, même à leurs propres yeux, ou tout simplement pour éviter de souffrir. Je le sais : je suis comme eux, du moins par moments, ou j'aurais pu l'être. Entre autrui et moi, les différences que j'aperçois sont trop négligeables pour compter dans l'addition finale. »

« Lentement je m'habituais au dénuement pour lui-même, et à ce contraste, que j'ai aimé plus tard, entre une collection de gemmes précieuses et les mains nues du collectionneur. »

(*Varius multiplex multiformis*)

« Pour améliorer la condition humaine : "Mon procédé se basait sur une série d'observations faites de longue date sur moi-même : toute explication lucide m'a toujours convaincu, toute politesse m'a conquis, tout bonheur m'a presque toujours rendu sage." »

« Je me sentais responsable de la beauté du monde. »

(*Tellus stabilita*)

« La mort perçait partout sous son aspect de décrépitude ou de pourriture : la tache blette d'un fruit, une déchirure imperceptible au bas d'une tenture, une charogne sur la berge, les pustules d'un visage, la marque des verges sur le dos d'un marinier. Mes mains semblaient toujours un peu sales. »

(*Saeculum aureum*)

« Il y a plus d'une sagesse, et toutes sont nécessaires au monde ; il n'est pas mauvais qu'elles alternent. »

(*Disciplina augusta*)

« Mais précisément parce que j'attends peu de choses de la condition humaine, les périodes de bonheur, les progrès partiels, les efforts de recommencement et de continuité me semblent autant de prodiges qui compensent presque l'immense masse des maux, des échecs, de l'incurie et de l'erreur. »

(*Patientia*)

Enfance

Nathalie Sarraute

« Récit et connaissance de soi »

Cette autobiographie de Nathalie Sarraute publiée en 1983, alors qu'elle a 83 ans, se présente sous la forme originale d'un dialogue avec elle-même : les deux voix correspondent au dédoublement de l'autrice et montrent la conversation tranquille de la petite fille, qui évoque ses dix premières années, et de l'adulte, qui la guide et la questionne sur la sincérité et la véracité de ses souvenirs, ainsi que sur la façon de les raconter. Ces souvenirs analysent une enfance déchirée entre des parents séparés, et notamment la figure d'une mère qui abandonne et celle d'un père qui protège, et la manière dont la petite narratrice se construit.

Analyse d'une citation

« — Alors tu vas vraiment faire ça ? "Évoquer tes souvenirs d'enfance"… Comme ces mots te gênent, tu ne les aimes pas. Mais reconnais que ce sont les seuls mots qui conviennent. Tu veux "évoquer tes souvenirs"… Il n'y a pas à tortiller, c'est bien ça.
— Oui, je n'y peux rien, ça me tente, je ne sais pas pourquoi… »

C'est le tout début du livre, qui convie immédiatement le lecteur dans la conversation qui s'entame. Le dialogue met en place le projet autobiographique ainsi que le dédoublement de l'autrice typique de la narration : on distingue bien la conscience critique qui essaie de donner les mots justes et l'écrivaine (le « je ») qui tente de s'expliquer. Ce qui est intéressant dans cette citation, c'est qu'elle instaure d'emblée l'écriture de Sarraute, entre les lignes, une écriture de l'indicible, de la sensation. Les blancs qui séparent chaque intervention en sont caractéristiques, comme la ponctuation suspensive ou l'alternance entre l'injonction et le doute.

Sélection de citations à exploiter

« C'était ressenti, comme toujours, hors des mots, globalement… Mais ces mots et ces images sont ce qui permet de saisir tant bien que mal, de retenir ces sensations. »

« Mais il n'y a pas que ma mère qui soit absente de cette maison. De tous ceux qui devaient s'y trouver quand j'y revenais de temps à autre pour quelques semaines, je ne vois que mon père… »

« L'impression un peu inquiétante de quelque chose de répugnant sournoisement introduit, caché sous l'apparence de ce qui est exquis, ne s'est pas effacée, et parfois même aujourd'hui elle me revient quand je mets dans ma bouche une cuiller de confiture de fraises. »

« Est-ce que tu m'aimes, dis-le-moi. — Mais tu le sais… — Mais je voudrais que tu me le dises. Dis-le, papa, tu m'aimes ou non ?... sur un ton, cette fois, comminatoire et solennel qui lui fait pressentir ce qui va suivre et l'incite à laisser sortir, c'est juste pour jouer, c'est juste pour rire… ces mots ridicules, indécents : "Mais oui, mon petit bêta, *je t'aime.*" »

« — Non, cela, je ne l'ai pas pensé…
Pas pensé, évidemment pas, je te l'accorde… c'est apparu, indistinct, irréel… un promontoire inconnu qui surgit un instant du brouillard… et de nouveau un épais brouillard le recouvre… »

« Il referme le cahier, il me le rend et il dit : "Avant de se mettre à écrire un *roman*, il faut apprendre l'orthographe…" »

« Il me semble que je n'ai fait que pleurer jusqu'à notre arrivée à la gare du Nord dont la grisaille jaunâtre, l'immense voûte vitrée, ont pour la première fois un air sinistre. »

« Bien qu'il n'y ait pas d'applaudissements, mais quels applaudissements, quelles ovations peuvent donner plus de joie que ne m'en donne la certitude d'avoir atteint la perfection… ce que confirme, comme il se doit, comme il est juste, la maîtresse quand elle prononce ces mots où il n'y a pas de place pour la moindre réserve : "C'est très bien. Je te mets dix." »

« L'idée ne me vient jamais de devenir un écrivain. Parfois il m'arrive de me demander si je ne pourrais pas être une actrice… mais pour ça il faut être belle comme Véra Koren ou comme Robine. Non, ce que j'aimerais, c'est d'être institutrice. »

« Je ne pourrais plus m'efforcer de faire surgir quelques moments, quelques mouvements qui me semblent encore intacts, assez forts pour se dégager de cette couche protectrice qui les conserve, de ces épaisseurs blanchâtres, molles, ouatées, qui se défont, qui disparaissent avec l'enfance… »

Théâtre

XVIIe - XXIe SIÈCLE

Cet objet d'étude consacré au théâtre est travaillé, comme les trois autres, à partir d'une œuvre intégrale à laquelle est attaché un parcours spécifique, indiqué dans le programme. L'objectif est de parvenir à une maîtrise de l'œuvre proposée, en étant particulièrement attentif aux contraintes de l'écriture théâtrale, aux attentes du public et au contexte historique. On sera sensible également à la construction de l'action et aux relations entre les personnages.

Cet objet d'étude permet au lycéen d'approfondir sa connaissance de l'écriture théâtrale dans sa spécificité, et de développer sa culture dramaturgique à l'aide de la programmation théâtrale ou de captations.

La perspective en termes de compétence est de développer l'expressivité de la lecture, la sensibilisation au travail de plateau, l'écrit d'appropriation et l'explication de texte, orale et écrite.

POINT PROGRAMME

Nous vous proposons ici une présentation rapide de chacune des pièces proposées avec un choix de citations. Chaque citation permet de réfléchir sur un aspect particulier du texte et de sa représentation, renvoyant au parcours associé, à la spécificité du texte, à un élargissement possible à l'histoire littéraire. Une citation est analysée précisément en exemple.

Programme pour les premières générales

THÉÂTRE XVIIe- XXIe siècle

3 lectures linéaires d'extraits de l'œuvre

3 lectures linéaires au choix liées au parcours

Lecture(s) cursive(s)

MOLIÈRE, *Le Malade imaginaire*

« Spectacle et comédie »

MARIVAUX, *Les Fausses Confidences*

« Théâtre et stratagème »

Jean-Luc LAGARCE, *Juste la fin du monde*

« Crise personnelle, crise familiale »

Programme pour les premières technologiques

THÉÂTRE XVIIe- XXIe siècle

2 lectures linéaires d'extraits de l'œuvre

2 lectures linéaires au choix liées au parcours

Lecture(s) cursive(s)

MOLIÈRE, *Le Malade imaginaire*

« Spectacle et comédie »

MARIVAUX, *L'Île des esclaves*

« Maîtres et valets »

Jean-Luc LAGARCE, *Juste la fin du monde*

« Crise personnelle, crise familiale »

Le Malade imaginaire

Molière

« Spectacle et comédie »

Le Malade imaginaire est la dernière pièce de Molière ; elle est jouée au théâtre du Palais-Royal le 10 février 1673. Molière, qui joue Argan, le rôle-titre, meurt le soir de la quatrième représentation. C'est une comédie-ballet, genre qui lie à l'intrigue théâtrale les chants et danses que Louis XIV appréciait tout particulièrement. Cette comédie met en scène un personnage hypocondriaque ridiculisé par les excès où le mène ce défaut. Comme toujours chez Molière, ce personnage est la cause d'une crise familiale : Argan, malade imaginaire, veut marier à tout prix sa fille Angélique à un médecin, et il ferait son malheur sans les inventions burlesques de l'entourage – en particulier celles de la servante Toinette, impertinente et futée – qui cherche à sauver la jeune fille. Molière critique violemment la médecine de son temps à travers ses personnages de médecins, caricatures pédantes et ignorantes, mais il égratigne aussi une société corrompue et autoritaire. La pièce utilise tous les ressorts du comique : caractères, situations, jeux de mots et jeux de scène.

Analyse d'une citation

« ARGAN. — C'est un bon impertinent que votre Molière avec ses comédies, et je le trouve bien plaisant d'aller jouer d'honnêtes gens comme les médecins.
BÉRALDE. — Ce ne sont point les médecins qu'il joue, mais le ridicule de la médecine. »

(III, 3)

Cet échange entre les deux frères permet à Molière de s'autociter, ce qui amuse le public, et simultanément d'expliciter son projet : dénoncer la pratique médicale fondée sur une apparence scientifique. Le personnage du « malade » est aveuglé par son défaut et c'est, traditionnellement, un membre de la famille ayant autorité (ici le frère du protagoniste) qui est là pour le raisonner.

Sélection de citations à exploiter

« TOINETTE. – Ce Monsieur Fleurant-là et ce Monsieur Purgon s'égayent bien sur votre corps ; ils ont en vous une bonne vache à lait ; et je voudrais bien leur demander quel mal vous avez, pour vous faire tant de remèdes. »

(I, 2)

« ARGAN. – C'est pour moi que je lui donne ce médecin ; et une fille de bon naturel doit être ravie d'épouser ce qui est utile à la santé de son père. »

(I, 5)

« LE NOTAIRE. – Ce n'est point à des avocats qu'il faut aller, car ils sont d'ordinaire sévères là-dessus, et s'imaginent que c'est un grand crime que de disposer en fraude de la loi. »

(I, 7)

« POLICHINELLE. *On n'est pas sage quand on veut, et les vieilles cervelles se démontent comme les jeunes.* »

(Premier intermède)

« ARGAN. – Monsieur Purgon m'a dit de me promener le matin dans ma chambre, douze allées, et douze venues ; mais j'ai oublié de lui demander si c'est en long ou en large. »

(II, 2)

« MONSIEUR DIAFOIRUS. – Mais sur toute chose, ce qui me plaît en lui, et en quoi il suit mon exemple, est qu'il s'attache aveuglément aux opinions de nos Anciens, et que jamais il n'a voulu comprendre ni écouter les raisons et les expériences des prétendues découvertes de notre siècle, touchant la circulation du sang, et autres opinions de même farine. »

(II, 5)

« ANGÉLIQUE. — Il y en a d'autres, Madame, qui font du mariage un commerce de pur intérêt, qui ne se marient que pour gagner des douaires, que pour s'enrichir par la mort de ceux qu'elles épousent, et courent sans scrupule de mari en mari, pour s'approprier leurs dépouilles. »

(II, 6)

« ARGAN. — Je crois que tout au plus vous pouvez avoir vingt-six ou vingt-sept ans.
TOINETTE. — Ah, ah, ah, ah, ah ! j'en ai quatre-vingt-dix.
ARGAN. — Quatre-vingt-dix ?
TOINETTE. — Oui. Vous voyez un effet des secrets de mon art, de me conserver ainsi frais et vigoureux. »

(III, 10)

« ARGAN. — Me couper un bras, et me crever un œil, afin que l'autre se porte mieux ? J'aime bien mieux qu'il ne se porte pas si bien. La belle opération, de me rendre borgne et manchot. »

(III, 10)

« BÉLINE. — Quelle perte est-ce que la sienne ? et de quoi servait-il sur la terre ? Un homme incommode à tout le monde, malpropre, dégoûtant, sans cesse un lavement ou une médecine dans le ventre, mouchant, toussant, crachant toujours, sans esprit, ennuyeux, de mauvaise humeur, fatiguant sans cesse les gens et grondant jour et nuit servantes et valets. »

(III, 12)

L'Île des esclaves

Marivaux

« Maîtres et valets »

Cette comédie en un acte et en prose de Marivaux est jouée pour la première fois en mars 1725. Son sujet est audacieux : le noble Iphicrate (étymologiquement « qui règne par la violence ») et son valet Arlequin échouent sur une île déserte après un naufrage : l'île des esclaves, sur laquelle les rôles de maîtres et de valets sont inversés. Ce cadre utopique, associé à une transposition d'époque (la scène est censée se passer dans une Grèce antique de convention), éloigne-t-il le propos ? Non, car Marivaux a l'audace de faire des valets des « esclaves », de centrer le dialogue sur le problème des conditions, et de faire de sa pièce une critique sociale acerbe qui renvoie maîtres et valets à leur réalité du XVIIIe siècle.

Analyse d'une citation

« Dans le pays d'Athènes j'étais ton esclave, tu me traitais comme un pauvre animal, et tu disais que cela était juste, parce que tu étais le plus fort. »

(Scène I)

C'est Arlequin, dont la didascalie indique qu'il a *un air sérieux*, qui parle. Marivaux, dans sa scène d'exposition, situe donc l'espace utopique, mais présente aussi explicitement la critique sociale avec un lexique imagé et sans détour : l'assimilation du valet à l'esclave, l'animalisation par la comparaison et la loi du plus fort, c'est-à-dire ici la loi des privilèges et des richesses.

Sélection de citations à exploiter

« Quand tu auras souffert, tu seras plus raisonnable ; tu sauras mieux ce qu'il est permis de faire souffrir aux autres. »

(Arlequin, scène 1)

« TRIVELIN. – Comment vous appelez-vous ? ARLEQUIN. – Est-ce mon nom que vous demandez ? TRIVELIN. – OUI vraiment. ARLEQUIN. — Je n'en ai point, mon camarade. TRIVELIN. – Quoi donc, vous n'en avez pas ? ARLEQUIN. – Non, mon camarade ; je n'ai que des sobriquets qu'il m'a donnés ; il m'appelle quelquefois Arlequin, quelquefois Hé. »

(Scène 2)

« Ce n'est point une tête légère, un petit badin, un petit perfide, un joli volage, un aimable indiscret ; ce n'est point tout cela ; ces grâces-là lui manquent à la vérité ; ce n'est qu'un homme franc, qu'un homme simple dans ses manières, qui n'a pas l'esprit de se donner des airs ; qui vous dira qu'il vous aime, seulement parce que cela sera vrai. »

(Cléanthis, scène 8)

« EUPHROSINE. — Ne persécute point une infortunée, parce que tu peux la persécuter impunément. »

(Scène 8)

« IPHICRATE. — Tu m'aimes et tu me fais mille injures ? ARLEQUIN. — Parce que je me moque un petit brin de toi, cela empêche-t-il que je t'aime ? Tu disais bien que tu m'aimais, toi, quand tu me faisais battre. »

(Scène 9)

« Tu veux que je partage ton affliction, et jamais tu n'as partagé la mienne. »

(Arlequin, scène 9)

« IPHICRATE. — Je me ressouviendrai toujours que je ne méritais pas d'être ton maître. ARLEQUIN. — Ne dites donc point comme cela, mon cher patron : si j'avais été votre pareil, je n'aurais peut-être pas valu mieux que vous. »

(Scène 9)

« Voilà de nos gens qui nous méprisent dans le monde, qui font les fiers, qui nous maltraitent, qui nous regardent comme des vers de terre, et puis, qui sont trop heureux, dans l'occasion de nous trouver cent fois plus honnêtes gens qu'eux. »

(Cléanthis, scène 10)

« Il faut avoir le cœur bon, de la vertu et de la raison ; voilà ce qu'il faut, voilà ce qui est estimable, ce qui distingue, ce qui fait qu'un homme est plus qu'un autre. »

(Cléanthis, scène 10)

« Je n'ai rien à ajouter aux leçons que vous donne cette aventure. Vous avez été leurs maîtres, et vous en avez mal agi ; ils sont devenus les vôtres, et ils vous pardonnent ; faites vos réflexions là-dessus. »

(Trivelin, scène 11 et dernière)

Les Fausses Confidences

Marivaux

« Théâtre et stratagème »

En 1737, la pièce de Marivaux *Les Fausses Confidences* est représentée au Théâtre-Italien. C'est sa dernière grande pièce, sept ans après le triomphe du *Jeu de l'Amour et du Hasard*, et c'est une comédie d'intrigue qui s'appuie sur l'actualité du temps : la montée de la bourgeoisie qui vient cliver la société jusque-là bien huilée. Le public est confronté aux machinations d'un valet démoniaque, tout-puissant, qui orchestre à la façon d'un auteur-metteur en scène une histoire d'un réalisme inquiétant. Dubois manipule tous les personnages, à commencer par Araminte, jeune veuve fortunée, et Dorante, jeune bourgeois ruiné, dont l'amour inconscient va s'épanouir sous les yeux du spectateur averti, au prix de l'acceptation d'un désir qui déborde toute forme d'intérêt.

Analyse d'une citation

« ARAMINTE. Achevez, vous dis-je... “Qu'elle rend à votre mérite la détermine...” Je crois que la main vous tremble ! Vous paraissez changé. Qu'est-ce que cela signifie ? Vous trouvez-vous mal ?
DORANTE. Je ne me trouve pas bien, Madame. »

(II, 13)

Cet extrait se situe au moment de l'acte II où Araminte, suivant le plan de Dubois, met Dorante à l'épreuve en lui faisant croire qu'elle va épouser le Comte et en lui dictant une lettre : Dorante, troublé, a du mal à écrire et à parler. L'abandon de la syntaxe, l'impossibilité de construire des phrases traduisent les émotions violentes qui empêchent toute communication verbale : le langage est un masque chez Marivaux, et la double énonciation, qui fait que le public comprend là où le personnage se perd, prend ici tout son sens. Lire entre les lignes, au-delà des mots, percevoir l'implicite : voilà tout l'art de Marivaux.

Sélection de citations à exploiter

« DORANTE. Tu crois qu'elle fera attention à moi, que je l'épouserai, moi qui ne suis rien, moi qui n'ai point de bien ?
DUBOIS. Point de bien ! Votre bonne mine est un Pérou. »

(I, 2)

« Fierté, raison et richesse, il faudra que tout se rende. Quand l'amour parle, il est le maître, et il parlera. »

(DUBOIS, I, 2)

« C'est un homme d'un beau nom ; ma fille et lui allaient avoir un procès ensemble, au sujet d'une terre considérable ; il ne s'agissait pas moins que de savoir à qui elle resterait, et on a songé à les marier, pour empêcher qu'ils ne plaident. »

(MADAME ARGANTE, I, 10)

« Je suis si lasse d'avoir des gens qui me trompent, que je me réjouissais de l'avoir, parce qu'il a de la probité. »

(ARAMINTE, I, 14)

« ARAMINTE. Si on me demande ce que tu m'as appris de lui, je dirais ce dont nous sommes convenus. Le voici, j'ai envie de lui tendre un piège.
DUBOIS. Oui, Madame. Il se déclarera, peut-être. »

(II, 12)

« DUBOIS. Oh ! oui : point de quartier, il faut l'achever, pendant qu'elle est étourdie. Elle ne sait plus ce qu'elle fait. »

(III, 1)

« MADAME ARGANTE. Dubois est un coquin qui nous trompe. »

(III, 4)

« MONSIEY RÉMY. Comment donc ! m'imposer silence ! à moi, Procureur ! Savez-vous bien qu'il y a cinquante ans que je parle, Madame Argante ?
MADAME ARGANTE. Il y a donc cinquante ans que vous ne savez ce que vous dites. »

(III, 5)

« DORANTE. Dans tout ce qui s'est passé chez vous, il n'y a rien de vrai que ma passion, qui est infinie, et que le portrait que j'ai fait. Tous les incidents qui sont arrivés partent de l'industrie d'un domestique qui savait mon amour, qui m'en plaint, qui par le charme de l'espérance du plaisir de vous voir, m'a pour ainsi dire forcé de consentir à son stratagème. »

(III, 12)

« DUBOIS. Ouf ! ma gloire m'accable : je mériterais bien d'appeler cette femme-là ma bru. »

(III, 13)

Juste la fin du monde

Jean-Luc Lagarce

« Crise personnelle, crise familiale »

Juste la fin du monde est une pièce de Jean-Luc Lagarce, écrite à Berlin en 1990 et créée en octobre 1999 à Lausanne. Son auteur, né en 1955, est mort à 40 ans du Sida. La pièce raconte le retour d'un jeune homme, Louis, dans sa famille, qu'il n'a pas vue depuis des années, afin d'informer celle-ci de sa mort prochaine : dans le cercle familial recomposé, les conflits (jalousie, reproches), mais aussi l'amour ressurgissent. Le texte parle des difficultés de communication, de la solitude et aussi de l'approche de la mort et des questions existentielles que cela suscite chez l'être humain. Louis cherche, à travers les souvenirs, à reconstituer sa vie et à en comprendre le sens. Il repartira sans avoir rien dit.

Le titre fait référence à l'expression « C'est pas la fin du monde ». Ce n'est rien d'aussi grave que la fin du monde, mais un homme (juste un homme) va mourir : ce n'est pas la fin du monde, mais la fin de son monde à lui.

Analyse d'une citation

**« Je suis contente, je ne l'ai pas dit, je suis contente que nous soyons tous là, tous réunis.
Où est-ce que tu vas ?
Louis ! »**

(LA MÈRE, première partie, scène 9).

Cette réplique de la mère situe en quelques mots le climat et les enjeux de la pièce : elle exprime explicitement la difficulté à communiquer, à dire les sentiments, la réunion familiale qui insiste sur le « tous », c'est-à-dire sur le caractère extraordinaire de la présence de Louis, personnage mis en valeur par l'apostrophe finale. On remarque aussi la question posée au personnage, qui renvoie au contexte, mais aussi à la condition humaine en général.

Sélection de citations à exploiter

« J'ai près de trente-quatre ans maintenant et c'est à cet âge que je mourrai. »

(LOUIS, prologue)

« Tu es venu en taxi depuis la gare, je l'avais dit, ce n'est pas bien, j'aurais pu aller te chercher.
j'ai une automobile personnelle. »

(SUZANNE, première partie, scène 1)

« Il y a aussi un petit garçon, il s'appelle comme moi,
Louis ? »

(LOUIS, première partie, scène 2)

« et qu'on ne m'aime plus
(ce que je veux dire)
"au bout du compte",
comme par découragement, comme par lassitude de moi,
qu'on m'abandonna toujours car je demande l'abandon. »

(LOUIS, première partie, scène 5)

« — moi non plus je ne me fais pas d'illusion, moi aussi je me doute que tu ne vas pas traîner très longtemps auprès de nous, dans ce coin-ci »

(LA MÈRE, première partie, scène 8)

« On les devine par avance,
on s'amuse, je m'amusais,
on les organise et on fait et refait l'ordre de leurs vies. »

(LOUIS, première partie, scène 10)

« Parfois, c'est comme un sursaut,
parfois, je m'agrippe encore, je deviens haineux,
haineux et enragé. »

(LOUIS, première partie, scène 10)

« La Mort prochaine et moi,
nous faisons nos adieux,
nous nous promenons,
nous marchons la nuit dans les rues désertes légèrement embrumées et nous nous plaisons beaucoup. »

(LOUIS, première partie, scène 10)

« Ce n'était pas si loin, il aurait pu venir nous voir plus souvent.
et rien de bien tragique non plus. »

(SUZANNE, intermède, scène 4)

« Et lorsque tu es parti, lorsque tu nous as quittés, lorsque tu nous abandonnas,
je ne sais plus quel mot définitif tu nous jetas à la tête,
je dus encore être le responsable. »

(ANTOINE, deuxième partie, scène 3)

« Ce sont des oublis comme celui-là que je regretterai. »

(LOUIS, épilogue)

PHILOSOPHIE

L'ART DE LA CITATION EN PHILOSOPHIE

En philosophie, une courte citation vient renforcer votre argumentation et donner du relief à vos connaissances. Il vous faut choisir un auteur qui fasse autorité en la matière, comme Hegel sur l'État, ou Kant sur la morale.

Mais la citation ne se suffit pas à elle-même. Elle doit être analysée et expliquée : il faut la reformuler avec vos mots pour montrer que vous l'avez bien comprise. Ensuite, il faut montrer où est son rapport avec la notion traitée par le sujet : est-ce un paradoxe qui contredit un préjugé ? S'oppose-t-elle à la thèse d'un autre philosophe ? À quelle question répond-elle ? Quelles en sont les conséquences ? Comment peut-elle être reliée avec d'autres notions ou d'autres questions ? Une citation n'est pas un argument d'autorité ; elle est un apport dans une discussion. Elle peut faire l'objet de réserves, de critiques ou d'objections.

La citation d'un philosophe vous donne l'occasion d'entrer en conversation avec un grand esprit du passé. L'originalité de votre analyse ne fait pas table rase du passé, et l'exercice de la pensée suppose ce dialogue avec ceux qui ont pensé avant vous. À vous de vous montrer à la hauteur.

LA CONSCIENCE

Analyse d'une citation

« La conscience est un trait d'union entre ce qui a été et ce qui sera, un pont jeté entre le passé et l'avenir. »

Henri Bergson (1859-1941)

La conscience nous permet de relier le passé, le présent et le futur. Par la mémoire, nous rendons présent le passé ; par l'imagination et l'anticipation, nous rendons présent l'avenir. Ainsi, la conscience est le fait de « connaître ensemble » ce que le temps sépare ; elle est la synthèse du temps. Grâce à elle, l'homme est un être historique, et non une existence ponctuelle et immédiate qui se contenterait de la satisfaction des besoins présents, comme un animal ou une plante.

Par la conscience, qui est le propre de l'homme, **l'existence** humaine s'inscrit dans une **histoire** de l'humanité : chaque individu est l'héritier et le continuateur des générations passées. Elle nous procure une responsabilité dans nos actes par l'anticipation des conséquences de nos actes. Elle fonde **la morale**, en rendant possible **le devoir** envers le passé (respect des ancêtres) et envers l'avenir (sauvegarder la planète et permettre le progrès de l'humanité). Cette citation s'applique à un sujet sur la liberté, car la conscience nous détache des nécessités matérielles et nous rend capables de choisir notre destin, mais aussi à des questions sur l'histoire ou l'existence dans le temps, puisqu'elle conditionne notre rapport au temps.

Analyse d'une citation

« Le je pense doit pouvoir accompagner toutes mes représentations. »

Emmanuel Kant (1724-1804)

La conscience est aussi appelée « Je pense » par Kant ou « *Cogito* » par Descartes. Elle désigne l'unité de nos représentations par un acte de la pensée qui les précède. Nos perceptions, impressions et sensations sensibles, qui nous viennent des organes des sens, sont « accompagnées » d'une saisie qui les rassemble et fait que ce sont « mes » représentations. Sans cet acte unificateur, notre esprit ne serait qu'un chaos d'images dispersées, un flux instable et incohérent, incapable de former une pensée articulée, formant une logique et des raisonnements.

Ce « Je pense » fonde aussi le sujet, le « moi ». L'unité et l'identité de la personne définissent qui je suis, en tant que différent de l'autre. La conscience fonde l'identité personnelle chez l'homme. Elle est absente chez l'animal, réduite à la perception présente, incapable de construire une pensée abstraite au-delà de l'expérience immédiate.

La conscience fonde, chez l'homme, à la fois l'unité des connaissances et l'identité d'un sujet moral responsable de ses pensées et de ses actes.

Sélection de citations à exploiter

« Conscience signifie d'abord mémoire. »

Henri Bergson (1859-1941)

« Je pense donc je suis. »

René Descartes (1596-1650)

« Tout homme, en tant qu'être moral, possède en lui, originairement, une conscience morale. »

Emmanuel Kant (1724-1804)

« La conscience morale est la raison pratique représentant à l'être humain son devoir. »

Emmanuel Kant (1724-1804)

« Ce n'est pas la conscience qui détermine la vie, mais la vie qui détermine la conscience. »

Karl Marx (1818-1883)

« La conscience de soi (comme séparé de la vie biologique) consiste à se montrer comme pure négation de sa manière d'être objective (corps vivant). »

Hegel (1770-1831)

« La conscience est la conséquence du renoncement aux pulsions. »

Sigmund Freud (1856-1939)

« Ce tribunal que l'homme sent en lui est la conscience. »

Emmanuel Kant (1724-1804)

« L'homme n'est qu'un roseau, le plus faible de la nature ; mais c'est un roseau pensant. »

Blaise Pascal (1623-1662)

« Tout cogito ou encore tout état de conscience "vise" quelque chose. »

Edmund Husserl (1859-1938)

L'INCONSCIENT

Analyse d'une citation

« L'interprétation des rêves est la voie royale de la connaissance de l'inconscient. »

Sigmund Freud (1856-1939)

Par définition, l'inconscient ne peut être connu directement par la conscience. On ne peut connaître l'inconscient que par ses signes et ses effets conscients. Pour Freud, le rêve est la principale manifestation de l'inconscient. **Un rêve est l'expression déguisée d'un désir censuré et refoulé.** Il procède par symboles et transpositions. Il doit être interprété pour comprendre le sens caché (le désir refoulé) derrière le sens apparent (le rêve conscient).

L'interprétation des rêves est « la voie royale », car durant le sommeil, la conscience est moins vigilante, la censure moins forte, et le désir peut se manifester plus facilement, même en se déguisant. Même si l'on peut décrypter les désirs inconscients à travers d'autres signes, comme les lapsus ou les actes manqués, le rêve reste la voie la plus directe à la connaissance de l'inconscient.

Cette citation s'applique aux questions portant sur le rapport entre l'inconscient et la conscience, ainsi qu'aux sujets traitant de la connaissance de la vérité et du sens.

Analyse d'une citation

« L'inconscient n'est que la mauvaise foi personnifiée. »

Jean-Paul Sartre (1905-1980)

L'inconscient freudien est fortement critiqué pour ses conséquences morales. En effet, Sartre, mais aussi Alain ou Lévinas, reprochent à l'hypothèse de l'inconscient de déposséder l'homme du contrôle de ses paroles et de ses actes, donc de le rendre irresponsable. Ce qui est contraire à toute morale, qui suppose un sujet conscient libre de ses choix.

Sartre voit dans le déterminisme posé par l'inconscient une excuse pour abdiquer de sa liberté native. Pour l'existentialisme de Sartre, l'homme naît libre et indéterminé : il est donc totalement responsable des choix qui orientent son existence. Mais certains refusent cette liberté, et cherchent des excuses à leurs malheurs en accusant la société, la famille, ou... l'inconscient. Sartre appelle « mauvaise foi » cette façon de se masquer sa responsabilité. Ainsi, l'inconscient est, à ses yeux, l'irresponsabilité volontaire personnifiée, car inscrite au cœur du sujet moral.

L'inconscient ruine-t-il la morale ? S'il est vrai que, pour Freud, notre conscience est déterminée par l'inconscient, il reste pourtant possible de s'en libérer partiellement grâce à la cure psychanalytique qui nous fait prendre conscience des traumatismes de l'enfance, et nous délivre ainsi des troubles et aliénations

inconscientes, causes des maladies psychiques que sont névroses et psychoses.
« Là où était le ça (l'inconscient), doit advenir le moi (le conscient) » : ainsi Freud résume-t-il cette thérapie libératrice qui redonne au sujet un certain contrôle moral sur soi.

Sélection de citations à exploiter

« C'est une grande source d'erreurs de croire qu'il n'y a aucune perception dans l'âme que celles dont on s'aperçoit. »

Leibniz (1646-1716)

« Derrière les souvenirs qui viennent se poser ainsi sur notre occupation présente et se révéler au moyen d'elle, il y en a d'autres, des milliers et des milliers d'autres, en bas, au-dessous de la scène illuminée par la conscience. »

Henri Bergson (1859-1941)

« L'inconscient est le psychique lui-même et son essentielle réalité. Sa nature intime nous est aussi inconnue que la réalité du monde extérieur, et la conscience nous renseigne sur lui d'une manière aussi incomplète que nos organes des sens sur le monde extérieur. »

Sigmund Freud (1856-1939)

« J'ai encore constaté, dans l'analyse des rêves que l'inconscient se sert, surtout pour représenter les complexes sexuels, d'un certain symbolisme. »

Sigmund Freud (1856-1939)

« Il existe deux variétés d'inconscient : les faits psychiques latents, mais susceptibles de devenir conscients, et les faits psychiques refoulés qui, comme tels et livrés à eux-mêmes, sont incapables d'arriver à la conscience. »

Sigmund Freud (1856-1939)

« Ses créations, les œuvres d'art, étaient les satisfactions imaginaires de désirs inconscients, tout comme les rêves. »

Sigmund Freud (1856-1939)

« La psychanalyse existentielle rejette le postulat de l'inconscient : le fait psychique est, pour elle, coextensif à la conscience. »

Jean-Paul Sartre (1905-1980)

« En somme il n'y a pas d'inconvénient à employer couramment le terme d'inconscient ; c'est un abrégé du mécanisme. Mais, si on le grossit, alors commence l'erreur ; et, bien pis, c'est une faute. »

Alain (1868-1951)

« L'inconscient est une méprise sur le Moi, c'est une idolâtrie du corps. »

Alain (1868-1951)

« Avec la psychanalyse, l'esprit passe dans le corps comme inversement le corps passe dans l'esprit. »

Maurice Merleau-Ponty (1908-1961)

LE TEMPS

Analyse d'une citation

« Carpe diem »

Horace (65-8 av. J.-C.)

Le poète latin Horace résume dans cette formule célèbre la conception épicurienne de l'existence et son rapport au temps. On peut traduire par : « Saisis l'instant présent. »

Vivre au présent est présenté comme la condition du bonheur. En effet, la mémoire du passé nous enferme dans des regrets et des remords, l'anticipation de l'avenir nous fait espérer de vivre au lieu de vivre ici et maintenant. Or, seul le présent existe et dépend de nous ; passé et futur n'existent pas et favorisent les illusions.

Cette formule, en forme d'injonction, conseille ou exige une manière de vivre. Elle insiste sur l'existence au présent. Mais ne prive-t-elle pas en cela l'homme de ce qui fait sa supériorité, à savoir sa capacité à se projeter par sa conscience dans le passé et l'avenir ? Ne le réduit-elle pas à une existence animale rivée à l'instant et à l'instinct ?

Cet éloge du temps présent peut s'appliquer à des questions sur l'existence humaine, la liberté, le sens du devoir ou la conception du bonheur en morale.

Analyse d'une citation

« Si je veux me préparer un verre d'eau sucrée, j'ai beau faire, je dois attendre que le sucre fonde. »

Henri Bergson (1859-1941)

Bergson distingue ici **le temps pensé et le temps vécu.** Je suis impatient que le sucre fonde : cette impatience est le temps vécu, ce que Bergson appelle la « **durée** ». Le temps physique et objectif que met le sucre à fondre, indépendamment de moi, est « le temps des horloges ». Cette distinction entre durée subjective et temps physique permet d'opposer des mesures du temps. La durée est relative à chacun, selon l'impatience ou l'ennui qui font qu'on trouve le temps plus ou moins long. Le temps proprement dit est objectif et commun à tous : c'est celui que mesurent les instruments comme le sablier, l'horloge, le calendrier ou le carbone 14.

Cette distinction illustre l'opposition entre **subjectif et objectif**, relatif et absolu, affectif et scientifique. Elle montre que si le temps est une construction de l'esprit humain, il concerne soit notre part rationnelle, soit notre rapport affectif au monde.

Sélection de citations à exploiter

« La durée réelle est ce que l'on a toujours appelé le temps, mais le temps perçu comme indivisible. »

Henri Bergson (1859-1941)

« Dusses-tu vivre trois fois mille ans et même autant de fois dix mille, souviens-toi toujours que personne ne perd d'autre existence que celle qu'il vit et qu'on ne vit que celle qu'on perd. »

Marc Aurèle (121-180)

« Le passé et le présent sont nos moyens ; le seul avenir est notre fin. Ainsi nous ne vivons jamais, mais nous espérons de vivre. »

Blaise Pascal (1623-1662)

« Qu'est-ce donc que le temps ? Si personne ne me le demande, je le sais ; mais si on me le demande et que je veuille l'expliquer, je ne le sais plus. »

Saint Augustin (354-430)

« Il y a trois temps, le passé, le présent, l'avenir, mais il serait exact de dire : il y a trois temps, un présent du passé, un présent du présent, un présent de l'avenir. »

Saint Augustin (354-430)

« Il y a en effet dans l'âme ces trois instances [...] : un présent du passé, la mémoire, un présent du présent, la perception, un présent de l'avenir, l'attente. »

Saint Augustin (354-430)

« L'étendue est la marque de ma puissance. Le temps est la marque de mon impuissance. »

Jules Lagneau (1851-1894)

« Vouloir être de son temps, c'est déjà être dépassé. »

Eugène Ionesco (1909-1994)

« Le temps n'est que la condition subjective sous laquelle peuvent trouver place en nous toutes les intuitions. »

Emmanuel Kant (1724-1804)

« Je reviendrai, avec ce soleil et cette terre, avec cet aigle et ce serpent, – non pour une vie nouvelle, ou une meilleure vie, ou une vie ressemblante ; — à jamais je reviendrai pour cette même et identique vie, dans le plus grand et aussi bien le plus petit, pour à nouveau de toutes choses enseigner le retour éternel. »

Friedrich Nietzsche (1844-1900)

« La devise générale de l'histoire devrait être : *Eadem, sed aliter* (la même chose, mais d'une autre manière). »

Arthur Schopenhauer1 (1788-1860)

« Le temps est un enfant qui joue au trictrac. »

Héraclite (540-480 av. J.-C.)

LE LANGAGE

Analyse d'une citation

« Le mot ne note de la chose que sa fonction la plus commune et son aspect banal. »

Henri Bergson (1859-1941)

Par les mots, le langage ne nous donne qu'une image simplifiée du monde. Les mots ne disent que l'aspect général d'une chose ou en quoi elle nous est utile. Le langage simplifie notre vision du monde dans un but pratique.

Bergson critique cette fonction instrumentale et réductrice du langage. Nous créons les mots non pour connaître la réalité intime des choses, mais comme des instruments pour les utiliser à notre profit. Le langage est ainsi anthropocentrique et appauvri. Il est l'instrument de notre domination et de notre exploitation du monde. Il est essentiellement d'inspiration technique. Bergson s'oppose ici à la conception réaliste du langage (Platon) selon laquelle les mots expriment la réalité des choses. Cette citation rejoint la question des moyens de connaître la vérité, ou du rôle de la science et de la technique dans notre rapport au monde. Où l'art permet un usage poétique et non utilitaire du langage.

Analyse d'une citation

« Ce qui fait que les bêtes ne parlent point comme nous, est qu'elles n'ont aucune pensée. »

René Descartes (1596-1650)

Pour Descartes, tout ce qui existe est composé de substance pensante ou de substance étendue. L'homme seul est une union d'une âme et d'un corps, d'une substance pensante et d'une substance étendue. Les animaux, selon lui, ne sont que des corps sans âme, un peu comme les machines. Les animaux sont donc privés d'âme, donc de pensées, donc de langage qui exprime une pensée. Ils ont certes une sensibilité (plaisir et douleur), mais pas de véritable pensée.

Pourtant, les animaux communiquent : abeilles, singes, dauphins, ils échangent des signes. Mais cela ne suffit pas à faire un langage, comme le dit Benveniste (voir *infra*) : des signaux univoques et instinctifs ne sont pas un langage évolutif, créatif indéfiniment, et exprimant des intentions et des pensées à interpréter.

Le langage n'est pas réductible à un simple système de communication, si l'on tient compte de sa dimension poétique, scientifique ou métaphysique.

Sélection de citations à exploiter

« Les limites de mon langage signifient les limites de mon propre monde. »

Ludwig Wittgenstein (1889-1951)

« Ce dont on ne peut parler, il faut le taire. »

Ludwig Wittgenstein (1889-1951)

« Le vrai et le faux sont des attributs du langage, non des choses. Et là où il n'y a pas de langage, il n'y a ni vérité ni fausseté. »

Thomas Hobbes (1588-1679)

« Le mode de communication employé par les abeilles [...] n'est pas un langage, c'est un code de signaux. »

Émile Benveniste (1934-2005)

« Le langage est la maison de l'être. »

Martin Heidegger (1889-1976)

« Comme la conscience le langage naît du seul besoin, de la nécessité du commerce avec d'autres hommes. »

Karl Marx (1818-1883)

« Danger du langage pour la liberté de l'esprit : chaque mot est un préjugé. »

Friedrich Nietzsche (1844-1900)

« Je suis tenté de croire que, si l'on examinait plus à fond les imperfections du langage considéré comme l'instrument de nos connaissances, la plus grande partie des disputes tomberaient d'elles-mêmes. »

David Hume (1711-1776)

« L'ineffable c'est la pensée obscure, la pensée à l'état de fermentation, et qui ne devient claire que lorsqu'elle trouve le mot. »

Hegel (1770-1831)

« Vouloir penser sans les mots, c'est une tentative insensée. »

Hegel (1770-1831)

« Les premières langues furent chantantes et passionnées avant d'être simples et méthodiques. »

Jean-Jacques Rousseau (1712-1778)

« Les idées générales ne peuvent s'introduire dans l'esprit qu'à l'aide des mots, et l'entendement ne les saisit que par des propositions. »

Jean-Jacques Rousseau (1712-1778)

L'ART

Analyse d'une citation

« La beauté artistique est une belle représentation d'une chose. »

Emmanuel Kant (1724-1804)

Qu'est-ce qui nous apporte du plaisir dans un tableau ou une photo ? La première réponse serait la chose représentée : un beau coucher de soleil ou un beau corps nu.

Selon Kant, ce n'est pas là la fonction de l'art : l'art n'a pas pour but de nous montrer la réalité objective, mais de présenter une belle forme. La chose représentée importe peu, elle n'est qu'un prétexte. Seul est esthétique le plaisir pris à contempler une belle forme indépendamment de ce qu'elle représente : une belle disposition des couleurs ou un dessin élégant et fin.

Par exemple, Rembrandt peint un tableau représentant une carcasse de bœuf écorché : la chose est laide, dégoûtante même, mais la façon de la peindre est belle, et ce tableau est une œuvre d'art.

Vous utiliserez cette citation dans un débat sur l'art opposant une conception formaliste (Kant) à une conception réaliste de l'art comme imitation (Aristote).

Analyse d'une citation

« La tragédie est l'imitation d'une action grave et complète. »

Aristote (385-323 av. J.-C.)

Aristote soutient que le plaisir esthétique vient de l'imitation de la nature par l'art : la tragédie ou la musique imitent les passions, la peinture imite les formes et les couleurs. Dès l'enfance, l'humain se plaît à imiter, et le plaisir artistique est proportionnel à la précision technique de l'imitation, à son réalisme.

La fonction de l'art est, selon Aristote, la *mimésis* (imitation, en grec). Outre sa virtualité technique qui provoque l'admiration, la *mimésis* a une fonction éducative et thérapeutique : le théâtre crée chez le spectateur une *catharsis*, ou purification, qui permet à l'âme d'exprimer librement ses pires passions sans risques de conséquences réelles.

Quel est le but de l'art ? Cette défense de la fonction mimétique de l'art s'oppose à une conception créatrice et novatrice de l'art, qui ne devrait pas imiter la nature, mais exprimer l'originalité de l'esprit d'un homme ou de la culture d'un peuple (Hegel ou Marx).

Sélection de citations à exploiter

« L'art, c'est l'homme ajouté à la nature. »

Francis Bacon (1561-1626)

« Tout art est une disposition accompagnée de raison, tournée vers la création. »

Aristote (384-322 av. J.-C.)

« Nous prenons plaisir à contempler les images les plus exactes des choses dont la vue nous est pénible dans la réalité, comme les formes d'animaux les plus méprisées et des cadavres. »

Aristote (384-322 av. J.-C.)

« Les poètes ne créent que des fantômes et non des choses réelles. »

Platon (427-346 av. J.-C.)

« Le poète est chose légère, ailée, sacrée, et il ne peut créer avant de sentir l'inspiration, d'être hors de lui, et de perdre l'usage de sa raison. »

Platon (427-346 av. J.-C.)

« Les actes créateurs procèdent en effet non de la connaissance de leurs lois, mais d'une puissance incompréhensible et obscure, et qu'on ne fortifie pas en l'éclairant. »

Marcel Proust (1871-1922)

« Les arts n'imitent pas directement les objets visibles, mais remontent aux raisons d'où est issu l'objet naturel. »

Plotin (205-270)

« La beauté n'est pas une qualité inhérente aux choses elles-mêmes, elle existe seulement dans l'esprit qui la contemple, et chaque esprit perçoit une beauté différente. »

David Hume (1711-1776)

« L'œil des peintres de plus en plus susceptible de pensée s'approche des limites où il deviendra immatériel. »

Friedrich Nietzsche (1844-1900)

« Personne ne peut voir dans l'œuvre de l'artiste comment elle s'est faite ; c'est son avantage, car partout où l'on peut assister à la formation, on est un peu refroidi. »

Friedrich Nietzsche (1844-1900)

« La vie imite l'art, bien plus que l'art n'imite la vie. »

Oscar Wilde (1854-1900)

« L'art est contemplation des choses, indépendante du principe de raison. »

Arthur Schopenhauer (1788-1860)

« L'art est une imitation dont la nature a donné les règles par le moyen du génie. »

Emmanuel Kant (1724-1804)

LE TRAVAIL

Analyse d'une citation

« Le travail est désir réfréné, disparition retardée : le travail forme. »

Hegel (1770-1831)

Hegel fait ici l'éloge du travail : par le travail, nous apprenons la patience. Le désir ne peut être satisfait immédiatement ; nous travaillons, économisons, accumulons dans l'attente de satisfaire nos plus grands désirs.

En attendant, le désir n'est pas satisfait, mais sert de prétexte à un travail illimité. Au lieu d'être un moyen de vivre, le travail devient raison de vivre ; de moyen, il devient fin en soi, et nous finissons par désirer le travail pour lui-même. Le travail nous enseigne la patience, la frustration, le refoulement : en cela, il nous « forme », en nous élevant au-dessus de la satisfaction animale immédiate, en nous apprenant à contrôler nos désirs, en nous rendant capables de maîtriser notre nature intérieure et la nature extérieure. Malheureusement, les nazis afficheront la devise « Le travail rend libre » à l'entrée d'Auschwitz, donnant une tournure dramatique à la formule optimiste de Hegel. Cette citation sujette à polémique doit être utilisée prudemment en montrant clairement son sens moral (le travail humanise) ou historique (le travail humanise la nature).

Analyse d'une citation

« Ne rien faire est la première et la plus forte passion de l'homme après celle de se conserver. Si l'on y regardait bien, l'on verrait que, même parmi nous, c'est pour parvenir au repos que chacun travaille ; c'est encore la paresse qui nous rend laborieux. »

Jean-Jacques Rousseau (1712-1778)

Pour Rousseau, c'est la paresse, et non le travail, qui est la première passion naturelle de l'homme ; le travail n'est qu'un moyen de s'assurer le repos. On travaille pour s'assurer la sécurité d'un repos mérité, comme le montre la notion de vacances ou de retraite. C'est une façon de dévaloriser le travail, et de faire de la paresse un besoin naturel. Au XIXe siècle, Jules Laforgue défendra même un « droit à la paresse ».

Cela pose la question de **la valeur du travail** : faut-il y voir un pis-aller et un simple moyen au service de la paresse ou, au contraire, la suprême dignité humaine et la forme de sa libération, comme le soutiennent Kant, Hegel et Marx ?

Sélection de citations à exploiter

« En fait l'élément libérateur de l'opprimé, c'est le travail. En ce sens c'est le travail qui est d'abord révolutionnaire. »

Jean-Paul Sartre (1905-1980)

« Ce fut un coup de maître de l'instinct anglais de faire du dimanche une journée si sainte et si ennuyeuse, que l'Anglais en vient, à son insu, à désirer le retour des jours de semaine et de travail. »

Friedrich Nietzsche (1844-1900)

« Le règne de la liberté commence seulement à partir du moment où cesse le travail dicté par la nécessité. »

Karl Marx (1818-1883)

« Mais ce qui distingue dès l'abord le plus mauvais architecte de l'abeille la plus experte, c'est qu'il a construit la cellule dans sa tête avant de la construire dans la ruche. »

Karl Marx (1818-1883)

« Le travail ne produit pas seulement des marchandises ; il se produit lui-même et produit l'ouvrier comme marchandise. »

Karl Marx (1818-1883)

« Dans ma production, je réaliserais mon individualité, ma particularité, j'éprouverais en travaillant la jouissance d'une manifestation individuelle de ma vie. »

Karl Marx (1818-1883)

« C'est à la sueur de ton front que tu mangeras ton pain. »

Genèse, III, 19

« Si quelqu'un ne veut pas travailler, qu'il ne mange pas non plus. »

Saint Paul (8-64)

« Un homme n'est pas pauvre parce qu'il n'a rien, mais parce qu'il ne travaille pas. »

Montesquieu (1689-1755)

« Il n'y a pas de finalité universelle du travail qui puisse être affirmée abstraitement et c'est perdre son temps que de prétendre philosopher sur le travail en le détachant des groupes sociaux, ethniques, des contextes culturels où il est effectué. »

Georges Friedmann (1912-1977)

« C'est comme si la nature voulait que l'homme dût parvenir par son travail à s'élever de la plus grande rudesse d'autrefois à la plus grande habileté, à la perfection intérieure de son mode de penser et par là [...] au bonheur. »

Emmanuel Kant (1724-1804)

« Loin d'être entamée par les progrès de la spécialisation, la personnalité individuelle se développe avec la division du travail. »

Émile Durkheim (1858-1917)

LA TECHNIQUE

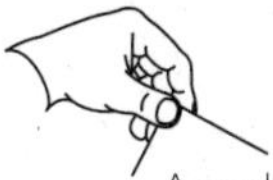

Analyse d'une citation

« Historiquement, la technique a précédé la science, l'homme primitif a connu des techniques. »

Jacques Ellul (1912-1994)

La technique précède la science ; cela signifie que la main précède l'esprit, que l'outil précède la connaissance. L'auteur contredit l'idée commune (*cf.* Marx, sur l'abeille et l'architecte) que l'homme conçoit avant d'appliquer, et que la technique serait une science appliquée. C'est un préjugé contraire à l'histoire et à la réalité : c'est l'invention de la lunette astronomique qui a permis la science de Copernic et de Galilée ; c'est l'invention du microscope qui a permis la biologie. La technique et le bricolage manuel sont premiers, et la science suit.

La civilisation progresse, non par le pur esprit, mais par tâtonnements et expériences pratiques. C'est l'évolution des outils qui détermine les progrès des connaissances, non l'inverse. C'est la main qui forme l'esprit.

Cela s'applique au rapport entre l'esprit et le corps, et au rapport entre théorie et pratique.

Analyse d'une citation

« Aussi longtemps que nous nous représentons la technique comme un instrument, nous restons pris dans la volonté de la maîtriser. »

Martin Heidegger (1889-1976)

La technique, les outils et les machines donnent à l'homme un pouvoir de domination sur la nature. C'est ce qu'avait voulu Descartes, pour qui l'homme devait être « comme maître et possesseur de la nature ».
Heidegger objecte ici que c'est l'inverse : c'est la technique qui crée le besoin de dominer la nature. Mais la technique n'est pas qu'un instrument au service de l'homme. En croyant dominer la nature, l'homme se fait dominer par la technique, et c'est l'homme qui devient un appendice de la machine. Dans son besoin de dominer la nature, l'homme s'aliène à la technique : de serviteur, la technique devient le maître de l'humanité qui perd le contrôle de soi au profit de la machine.
Cela nourrit une réflexion sur le rôle de la technique : est-elle libératrice ou aliénante ? L'homme peut-il contrôler la technique ?

Sélection de citations à exploiter

« L'homme est intelligent parce qu'il a une main »

Anaxagore (500-428 av. J.-C.)

« La main semble bien être non pas un outil, mais plusieurs. Car elle est pour ainsi dire un outil qui tient lieu des autres. C'est donc à l'être capable d'acquérir le plus grand nombre de techniques que la nature a donné de loin l'outil le plus utile, la main. »

Aristote (385 av. J.-C.-323 av. J.-C.)

« Dès que l'homme, au lieu d'agir avec l'outil sur l'objet de travail, n'agit plus que comme moteur d'une machine-outil, l'eau, le vent, la vapeur peuvent le remplacer, et le déguisement de la force motrice sous des muscles humains devient purement accidentel. »

Karl Marx (1818-1883)

« L'intelligence, envisagée dans ce qui en paraît être la démarche originelle, est la faculté de fabriquer des objets artificiels, en particulier des outils à faire des outils, et d'en varier indéfiniment la fabrication. »

Henri Bergson (1859-1941)

« Rien n'est plus laid qu'un outil brisé et jeté sur un tas, rien n'est plus laid qu'une machine rouillée, une roue brisée au bord de la route. »

Alain (1868-1951)

« Colbert regardait l'industrie des peuples et l'établissement des manufactures comme la richesse la plus sûre d'un royaume. »

Denis Diderot (1713-1784)

« Tandis que les outils d'artisanat à toutes les phases du processus de l'œuvre restent les serviteurs de la main, les machines exigent que le travailleur les serve et qu'il adapte le rythme naturel de son corps à leur mouvement mécanique. »

Hanna Arendt (1906-1975)

« La puissance et l'autonomie de la technique sont si bien assurées que, maintenant, elle se transforme à son tour en juge de la morale. »

Jacques Ellul (1912-1994)

« Il n'y a pas d'autonomie de l'homme possible face à l'autonomie de la technique. »

Jacques Ellul (1912-1994)

« Aujourd'hui, sous la forme de la technique moderne, la technè s'est transformée en poussée en avant infinie de l'espèce et en son entreprise la plus importante. »

Hans Jonas (1903-1993)

« Il faut se défaire définitivement de l'espérance naïvement optimiste du XIXe siècle que l'homme sera forcément de plus en plus éclairé avec les progrès de la technique. »

Günther Anders (1902-1992)

LA RELIGION

Analyse d'une citation

« La religion est une réaction défensive de la nature contre la représentation, par l'intelligence, de l'inévitabilité de la mort. »

Henri Bergson (1859-1941)

Quelle est l'origine de la religion ? Bergson répond ici que c'est une réaction à la crainte de la mort. Par la religion, l'intelligence humaine se défend de l'angoisse de la mort et d'un retour au néant. En effet, la croyance religieuse pose un Dieu qui veille à notre salut par sa providence et nous donne l'espoir d'une vie éternelle après la mort. La religion est donc une illusion qui aide à vivre en évitant le désespoir : à la fois fausse et nécessaire, elle console l'humanité. Mais, comme dit Nietzsche, « tout ce qui console, ment ».

Cette citation sera utile dans un débat entre vérité et illusion, et sur la question morale posée par l'existence humaine confrontée à la mort.

Analyse d'une citation

« Aucun homme ne peut y croire (à la religion) sans un miracle. »

David Hume (1711-1776)

Pour David Hume, la raison ne peut fonder la religion, car preuves et démonstrations n'ont aucune valeur au-delà de l'expérience. On ne peut prouver ni l'existence de Dieu ni son inexistence, ce qui invalide toute théologie comme discours rationnel sur la divinité. La religion doit se réduire à la foi, qui est elle-même un miracle irrationnel. Dès lors, la raison fonde la science, et la foi fonde la religion. Les deux peuvent ainsi coexister sans se contredire. Encore faut-il croire aux miracles, ce qui suppose la foi. Cela rejoint Pascal, pour qui la religion doit parler « au cœur », non à la raison.
Ce partage exclusif entre science et religion s'oppose à l'idée que le progrès de la science conduirait à la mort des religions : on peut être à la fois croyant et scientifique.

Sélection de citations à exploiter

« Il faut nécessairement conclure que Dieu existe ; car je n'aurais pas l'idée d'une substance infinie, moi qui suis un être fini, si elle n'avait été mise en moi par quelque substance qui fût véritablement infinie. »

René Descartes (1596-1650)

« C'est l'homme qui fait la religion, ce n'est pas la religion qui fait l'homme. »

Karl Marx (1818-1883)

« La religion est le soupir de la créature accablée, le cœur d'un monde sans cœur, comme elle est l'esprit d'une époque sans esprit. Elle est l'opium du peuple. »

Karl Marx (1818-1883)

« L'art, la religion et la philosophie ne diffèrent que par la forme ; leur objet est le même. »

Hegel (1770-1831)

« La conduite de Dieu, qui dispose toutes choses avec douceur, est de mettre la religion dans l'esprit par les raisons, et dans le cœur par la grâce. »

Blaise Pascal (1623-1662)

« Dieu est mort ! Dieu reste mort ! Et c'est nous qui l'avons tué ! »

Friedrich Nietzsche (1844-1900)

« L'homme est-il simplement une erreur de Dieu ? Où Dieu simplement une erreur de l'homme ? »

Friedrich Nietzsche (1844-1900)

« L'univers m'embarrasse, et je ne puis songer/Que cette horloge existe et n'ait point d'horloger. »

Voltaire (1694-1778)

« La morale conduit immanquablement à la religion, s'élargissant ainsi jusqu'à l'idée d'un législateur moral tout-puissant, extérieur à l'homme, en la volonté duquel est fin dernière de la création du monde ce qui peut et doit-être également la fin dernière de l'homme. »

Emmanuel Kant (1724-1804)

« En effet, tout est permis si Dieu n'existe pas, et par conséquent l'homme est délaissé, parce qu'il ne trouve ni en lui, ni hors de lui une possibilité de s'accrocher. »

Jean-Paul Sartre (1905-1980)

« Chaque nation a une divinité tutélaire. »

David Hume (1711-1776)

LA SCIENCE

Analyse d'une citation

« Le critère de la scientificité d'une théorie réside dans la possibilité de l'invalider, de la réfuter ou encore de la tester. »

Karl Popper (1902-1994)

La question est de savoir à quelles conditions une théorie est vraie. Karl Popper y répond par le critère de la falsifiabilité : une théorie scientifique doit être falsifiable, c'est-à-dire qu'on doit pouvoir imaginer une expérience qui la rendrait fausse. Et cette théorie est considérée comme vraie tant que cette expérience n'a pas réussi, tant qu'elle n'a pas été falsifiée. Popper renverse l'épistémologie (théorie des sciences) traditionnelle : jusqu'à lui, on pensait qu'une hypothèse était vraie du moment qu'une expérience l'avait vérifiée ; Popper y substitue un critère négatif : est vrai ce qui n'a pas été encore falsifié. Cela montre le caractère fragile et provisoire des théories scientifiques : une vérité scientifique est provisoire, et seule l'histoire des sciences est vraie dans son déploiement temporel. Par ce critère de falsifiabilité, Popper écarte de la science les théories qui se vérifient dans tous les cas, donc infalsifiables, comme l'astrologie, le marxisme ou la psychanalyse. Cette citation sera bienvenue dans un sujet sur la vérité pour en donner un critère scientifique, ou dans un débat sur le progrès des connaissances. Ou encore sur la liberté nécessaire à la critique des préjugés d'une époque.

Analyse d'une citation

« Il est impossible de démontrer à l'infini... »

Sextus Empiricus (160-210)

Sextus Empiricus est un des fondateurs du scepticisme. Le scepticisme consiste à douter de la possibilité d'une vérité absolue, et à soutenir que toute connaissance est probable et provisoire.

Or, toute connaissance scientifique repose soit sur l'expérience (sciences expérimentales, vérité *a posteriori*), soit sur la démonstration (mathématiques, vérité *a priori*). Par cette phrase, Sextus Empiricus limite et relativise la connaissance logique et mathématique qui repose sur la démonstration : il est possible de démontrer, mais tout n'est pas démontrable. En effet, les raisonnements mathématiques reposent sur des axiomes et des postulats qui doivent être acceptés sans démonstration.

Selon Euclide, un axiome est une proposition évidente par elle-même ; un postulat est une affirmation qu'on demande d'admettre sans se prononcer sur sa vérité. Les principes mathématiques qui servent aux démonstrations sont eux-mêmes indémontrables...

Voilà une citation utile pour traiter un sujet sur la vérité et l'impossibilité de tout démontrer, donc sur les limites de la raison humaine.

Sélection de citations à exploiter

« Le commencement de toutes les sciences est l'étonnement de ce que les choses sont ce qu'elles sont. »

Aristote (385-323 av. J.-C.)

« La science ne souscrit à une loi ou une théorie qu'à l'essai, ce qui signifie que toutes les lois et les théories sont des conjectures ou des hypothèses provisoires. »

Karl Popper (1902-1994)

« Une expérience scientifique est [...] une expérience qui contredit l'expérience commune. »

Gaston Bachelard (1884-1962)

« Science sans conscience n'est que ruine de l'âme. »

François Rabelais (1494-1553)

« Dès que le principe d'autorité s'introduit dans une science, le développement de cette science s'arrête. »

Gustave Le Bon (1841-1931)

« Les psychologues sont scientifiques comme les sauvages évangélisés sont chrétiens. »

Georges Politzer (1903-1942)

« Sans les religions, les sciences n'eussent pas existé, car la tête humaine n'aurait pas été habituée à s'écarter de l'apparence immédiate et constante qui lui définit la réalité. »

Paul Valéry (1871-1945)

« Aucune science ne peut être dignement comprise sans son histoire essentielle. »

Auguste Comte (1798-1857)

« La science ne pense pas. »

Martin Heidegger (1889-1976)

« Notre plus grande ressource, celle dont nous devons tout espérer, c'est l'étroite alliance de ces deux facultés : l'expérimentale et la rationnelle, union qui n'a point encore été formée. »

Francis Bacon (1561-1626)

« Le véritable commencement de toute activité scientifique consiste plutôt dans la description de phénomènes, qui sont ensuite rassemblés, ordonnés et insérés dans des relations. »

Sigmund Freud (1856-1939)

« C'est encore et toujours sur une croyance métaphysique que repose notre croyance en la science. »

Friedrich Nietzsche (1844-1900)

LA VÉRITÉ

Analyse d'une citation

« De même que la lumière fait paraître elle-même et les ténèbres, de même la vérité est sa propre norme et celle du faux. »

Benoît de Spinoza (1632-1677)

Spinoza donne une définition rationnelle de la vérité : elle ne dépend que d'elle-même, comme évidence. La raison reconnaît le vrai immédiatement, sans vérification ou critère extérieur : le vrai est à lui-même son propre critère. Il me suffit d'avoir une idée vraie pour la reconnaître comme vraie et pour avoir un critère de vérité pour les idées fausses.

Cette définition pose le vrai comme un absolu dont toutes nos connaissances dépendent, mais qui, lui, ne dépend de rien.

La vérité n'est pas, selon Spinoza, une idée qui correspond à la réalité (Aristote), ou une connaissance tirée de l'expérience (Locke). **La vérité est en soi**, et son modèle est la vérité mathématique, qui est vraie *a priori*.

Outre la question du critère de la vérité, cette citation traite des modèles scientifiques, opposant sciences expérimentales et sciences logico-mathématiques, donc de la question du rapport entre raison et réalité, pour savoir laquelle impose sa loi à l'autre.

Analyse d'une citation

« "Le vrai" consiste simplement dans ce qui est avantageux pour notre pensée. »

William James (1842-1910)

L'auteur remet en cause la vérité comme réalité abstraite et absolue. Selon W. James, ce que nous appelons « vrai » est une vision du monde personnelle qui convient à notre personnalité. **La vérité est donc relative**, elle est un point de vue qui nous est utile. De même, Nietzsche dit que la vérité est toujours une « perspective », une façon de voir et d'interpréter le monde.
Cela va dans le sens de la formule commune « à chacun sa vérité », et prend parti dans le débat sur l'objectivité ou la subjectivité de la vérité : le vrai est-il universel et éternel, ou particulier et provisoire ?

Sélection de citations à exploiter

« Vrai et faux sont des attributs de la parole et non des choses. Là où n'est point de parole, il n'y a ni vérité ni fausseté. »

Thomas Hobbes (1588-1679)

« Une connaissance est fausse quand elle ne concorde pas avec l'objet auquel on la rapporte. »

Emmanuel Kant (1724-1804)

« Ceux qui cherchent le droit chemin de la vérité ne doivent s'occuper d'aucun objet dont ils ne puissent avoir une certitude égale aux démonstrations de l'arithmétique et de la géométrie. »

René Descartes (1596-1650)

« La vérité est fille de discussion, non pas fille de sympathie. »

Gaston Bachelard (1884-1962)

« La vérité subsiste éternellement. »

Blaise Pascal (1623-1662)

« L'homme n'est qu'un sujet plein d'erreur… Ces deux principes de vérités, la raison et les sens, outre qu'ils manquent chacun de sincérité, s'abusent réciproquement l'un l'autre. »

Blaise Pascal (1623-1662)

« Aussi longtemps que nous aurons notre corps et que notre âme sera pétrie avec cette chose mauvaise, jamais nous ne possèderons en suffisance l'objet de notre désir ! Or cet objet, c'est, disons-nous, la vérité. »

Platon (428-346 av. J.-C.)

« Les vérités sont des illusions dont on a oublié qu'elles le sont. »

Friedrich Nietzsche (1844-1900)

« La vérité est une sorte d'erreur, faute de laquelle une certaine espèce d'êtres vivants ne pourraient vivre. »

Friedrich Nietzsche (1844-1900)

« La vérité est l'adéquation de la chose et de l'intellect. »

Thomas d'Aquin (1225-1274)

LA RAISON

Analyse d'une citation

« La raison est le pouvoir qui nous fournit les principes de la connaissance a priori. Aussi la raison pure est-elle celle qui contient les principes qui servent à connaître quelque chose absolument a priori. »

Emmanuel Kant (1724-1804)

Kant distingue **la raison et les sens** : les sens nous apportent des données empiriques (sons, images, goûts, odeurs) ; la raison fournit les cadres qui organisent ces données chaotiques (catégories, concepts). La raison précède donc les sens et ne peut en dériver : elle est « *a priori* » ou « pure ». Sans elle, les données empiriques ne sauraient se structurer en une connaissance unifiée. C'est le rôle de la « **raison pure théorique** » qui rend possible la science.
Kant la distingue de la « **raison pure pratique** » qui donne des lois à l'action morale.
Cette définition intervient dans la question du rôle de la raison, et de son origine : précède-t-elle l'expérience, comme le veut Kant, ou en dérive-t-elle, comme l'affirme Hume ?

Analyse d'une citation

« Le cœur a ses raisons que la raison ne connaît pas. »

Blaise Pascal (1623-1662)

Pascal oppose deux sources de vérité : le cœur et la raison. La raison procède par preuves et démonstrations ; les raisonnements mathématiques en sont un modèle. La raison est explicite, objective, vérifiable, universelle ; elle fonde les sciences.

Les vérités du cœur sont indémontrables ; elles sont immédiatement évidentes sans qu'on puisse l'expliquer. Ce sont les vérités de l'amour ou de la foi. Même les sciences s'appuient sur des vérités du cœur, comme les postulats et axiomes qui fondent les mathématiques, mais sont eux-mêmes indémontrables.

Quoiqu'indémontrables, les vérités de cœur n'en sont pas moins vraies. Par là, Pascal refuse de faire de la raison l'unique source de vérité. La raison doit admettre qu'elle ne peut pas tout vérifier ; en retour, le « cœur » doit respecter les vérités de la raison. Le cœur et la raison sont deux « ordres » de connaissance qu'on ne doit pas confondre.

Cette distinction interroge sur le pouvoir et **les limites de la raison**, ainsi que sur ses conditions de validité.

Sélection de citations à exploiter

« La raison pure peut être pratique, c'est-à-dire déterminer la volonté par elle-même, indépendamment de tout élément empirique. »

Emmanuel Kant (1724-1804)

« Des pensées sans matière sont vides, des intuitions sans concepts sont aveugles. »

Emmanuel Kant (1724-1804)

« La raison ne voit que ce qu'elle produit d'après ses propres plans. »

Emmanuel Kant (1724-1804)

« La Raison gouverne le monde. »

G.W.F Hegel (1770-1831)

« Ce qui est rationnel est réel et ce qui est réel est rationnel. »

G.W.F Hegel (1770-1831)

« Les hommes sont conduits plutôt par le désir aveugle que par la raison. »

Benoît de Spinoza (1632-1677)

« Il n'est pas contraire à la raison que je préfère la destruction du monde entier à l'égratignure de mon doigt. »

David Hume (1711-1776)

« La raison est, et ne peut être, que l'esclave des passions. »

David Hume (1711-1776)

« Jamais rien n'arrive sans qu'il y ait une cause ou du moins une raison déterminante, c'est-à-dire qui puisse servir à rendre raison *a priori* pourquoi cela est existant plutôt que non existant et pourquoi cela est ainsi plutôt que de toute autre façon. »

Leibniz (1646-1716)

« La raison du plus fort est toujours la meilleure. »

La Fontaine (1621-1695)

« La raison consiste à analyser les choses et à les élaborer. »

Épictète (50-135)

LA NATURE

Analyse d'une citation

« Dieu c'est-à-dire la nature. »

Benoît de Spinoza (1632-1677)

Qu'est-ce que la nature ? Spinoza répond que c'est l'ensemble des choses existantes, tout ce qui existe. Elle partage les qualités divines : omniprésente, toute-puissante, source de toute vie, infinie et éternelle. Dieu ou la nature sont les deux noms d'une même réalité, que Spinoza appelle la substance absolue.

Cette substance s'exprime en une infinité d'« attributs », dont seuls deux nous sont connus : l'étendue et la pensée. Enfin, ces attributs s'expriment en une infinité de « modes » qui sont les idées et les corps particuliers.

Ce tout de la nature est envisagé sous deux aspects : la nature créatrice (ou *natura naturans*) et la nature produite, achevée (ou *natura naturata*). En conséquence, connaître la nature ou connaître Dieu est une même chose : science et religion se confondent.

Analyse d'une citation

« Et quand j'ignorerais la nature des atomes, j'oserais encore, après examen des phénomènes célestes et bien d'autres d'ailleurs, affirmer que la nature n'a pas été faite pour nous et qu'elle n'est pas l'œuvre des dieux : tant l'ouvrage laisse à désirer ! »

Lucrèce (94(?)-54 av. J.-C.(?))

Dans son poème *De la nature des choses*, Lucrèce expose la conception épicurienne de la nature. Il entend la nature en **deux sens**. La nature est d'abord **l'ensemble des choses** visibles (fleuves, montagnes, forêts, animaux). Tous sont guidés par le plaisir et placés sous le signe de Vénus, la déesse de l'amour. En un second sens, la nature des choses désigne **les éléments cachés** qui composent les corps, à savoir les atomes, insécables, infinis et éternels, dont les innombrables combinaisons font les corps et même les esprits.

La nature est donc entièrement matérielle, infinie et éternelle, sans création divine ni providence ou finalité : la nature n'a pas été créée par une divinité. La preuve est qu'elle est imparfaite, un éternel recommencement par essais plus ou moins stables.

Cette citation intervient dans la question de l'origine et de **la cause de la nature**. Pour Lucrèce, la nature est sa propre cause immanente et matérielle, et la cause de tout.

Sélection de citations à exploiter

« On ne commande à la nature qu'en lui obéissant. »

Francis Bacon (1561-1626)

« La nature est un principe et une cause de mouvement et de repos pour la chose en laquelle elle réside immédiatement, par essence et non par accident. »

Aristote (384-322 av. J.-C.)

« La nature ne fait rien en vain. »

Aristote (384-322 av. J.-C.)

« La Nature, bien qu'ayant divers attributs, n'en est pas moins un seul Être duquel tous ces attributs sont affirmés. »

Benoît de Spinoza (1632-1677)

« La nature, c'est l'existence des choses, en tant qu'elle est déterminée selon des lois universelles. »

Emmanuel Kant (1724-1804)

« C'est dans le problème de l'éducation que gît le grand secret de la perfection de la nature humaine. »

Emmanuel Kant (1724-1804)

« Sans la connaissance de la nature, on ne saura jouir de plaisirs sans mélange. »

Épicure (341-270 av. J.-C.)

« La nature, en effet, est le guide qu'il faut suivre ; c'est elle, que la raison observe et consulte. C'est donc une même chose, que vivre heureux et vivre selon la nature. »

Sénèque (1-65)

« Tout ce qui est universel, chez l'homme, relève de l'ordre de la nature. »

Claude Lévi-Strauss (1908-2009)

« Dans la nature, l'homme est l'animal le plus démuni : seule l'organisation sociale lui permet de survivre. »

David Hume (1711-1776)

« L'homme est au fond une bête sauvage, une bête féroce. »

Arthur Schopenhauer (1788-1860)

LA JUSTICE

Analyse d'une citation

« La justice, c'est l'égalité. »

Alain (1868-1951)

Par cette formule, Alain résume ce que chacun ressent négativement : il y a injustice lorsque quelqu'un obtient plus qu'un autre. Même un enfant connaît ce sentiment. Mais il faut aller plus loin : la justice est l'égalité des droits. C'est le sens de la loi et de la justice politique. C'est le sens des droits de l'homme. Mais l'égalité des droits n'est pas l'égalité simple : tous les citoyens ont également le droit de circuler librement, mais certains ont plus de moyens de voyager que d'autres. L'égalité réelle suppose une égalité des moyens. Cela ne suffit pas encore, car tous n'ont pas les mêmes besoins : est-il juste de donner les mêmes moyens de se nourrir à un célibataire et à un père de famille nombreuse ? Il faut donc donner aussi selon les besoins, qui ne sont pas égaux. La justice comme égalité exige une distribution proportionnelle. À chacun sa part, mais les parts ne sont pas strictement égales : c'est la justice distributive qui donne selon les besoins et exige selon les moyens de chacun. Cette citation fournit une définition claire de la justice, mais doit être complétée par toutes les formes que peut prendre l'égalité, telle l'équité qui exige d'adapter la loi aux cas particuliers. Elle peut inspirer une réflexion sur la démocratie.

Analyse d'une citation

« L'équitable, tout en étant juste, n'est pas le juste selon la loi, mais un correctif de la justice légale. »

Aristote (384-322 av. J.-C.)

Aristote distingue **deux formes de justice** : le juste légal et l'équité. Le juste légal est ce que dit la loi, ce qu'il faut faire ou ne pas faire ; la loi est générale et s'applique à tous. L'équité est **l'adaptation de la loi aux cas particuliers**, afin de corriger la justice générale et de la rendre plus juste. Par exemple, il est juste de punir le voleur, mais il est équitable de tenir compte des circonstances atténuantes, et de moins punir celui qui a volé parce qu'il a faim.

Justice générale (la loi) et justice appliquée (l'équité) se complètent sans s'opposer. La justice est l'affaire du législateur, l'équité l'affaire des juges. Ne pas confondre avec l'opposition de deux principes de justice, comme dans le conflit entre Antigone (justice divine) et Créon (justice politique).

Cette distinction permet d'illustrer les différentes formes de justice, absolue ou relative, abstraite ou concrète, générale ou particulière.

Sélection de citations à exploiter

« De la justice particulière et du juste qui y correspond, une première espèce est celle qui intervient dans la distribution des honneurs, ou des richesses, ou des autres avantages qui se répartissent entre les membres de la communauté politique. »

Aristote (384-322 av. J.-C.)

« L'état de nature est l'état de rudesse, de violence et d'injustice. »

Hegel (1770-1831)

« Ce passage de l'état de nature à l'état civil produit dans l'homme un changement très remarquable, en substituant dans sa conduite la justice à l'instinct. »

Jean-Jacques Rousseau (1712-1778)

« Il est plus déshonorant de commettre une injustice que d'en être la victime. »

Platon (428-346 av. J.-C.)

« Engendrer la justice, c'est établir entre les parties de l'âme une hiérarchie qui les subordonne les unes aux autres conformément à la nature. »

Platon (428-346 av. J.-C.)

« Nul n'est méchant volontairement. »

Platon (427-346 av. J.-C.)

« La justice sans la force est impuissante, la force sans la justice est tyrannique. »

Blaise Pascal (1623-1662)

« Si la justice disparaît, c'est chose sans valeur que le fait que des hommes vivent sur la terre. »

Emmanuel Kant (1724-1804)

« *Summa jus, summa injuria* (Comble du droit, comble de l'injustice.) »

Cicéron (106-43 av. J.-C.)

« C'est uniquement de l'égoïsme de l'homme et de sa générosité limitée, en liaison avec la parcimonie avec laquelle la nature a pourvu à la satisfaction de ses besoins, que la justice tire son origine. »

David Hume (1711-1776)

« Là où il n'est point de pouvoir commun, il n'est pas de loi ; là où il n'est pas de loi, il n'est pas d'injustice. »

Thomas Hobbes (1588-1679)

L'ÉTAT

Analyse d'une citation

« En vérité le but de l'État c'est la liberté »

Benoît de Spinoza (1632-1677)

Cela semble un paradoxe, car, en général, nous percevons l'État comme un ensemble de contraintes exercées par la force : police, impôts, contrôles, frontières…
De fait, l'État est un ensemble d'institutions qui s'imposent par la force, force dont il détient le monopole (Max Weber). Un État sans la force serait impuissant à assurer la sécurité de ses sujets qui le renverseraient (Hobbes). Mais la force ne suffit pas. En effet, la force doit être remplacée par le droit et la justice si l'État veut durer en étant accepté par le peuple : il doit se légitimer par la loi, et devenir un « État de droit ».
Si l'État commence dans la violence, son but doit être la liberté, car seule la loi d'un État fort peut garantir la liberté et le droit, contre la violence d'une guerre civile et d'un retour à l'état de nature.
Par la contrainte de la loi, l'État libère l'homme en le faisant passer de la nature sauvage à la liberté véritable qui est l'obéissance à une loi juste (Rousseau).
Cette citation peut intervenir dans une réflexion sur le rôle de l'État et de la loi, et dans un débat sur la liberté politique, par l'État ou contre l'État (anarchie).

Analyse d'une citation

« La seule façon d'ériger un pouvoir commun, c'est de confier le pouvoir et la force à un seul homme, ou à une assemblée, qui puisse réduire toutes leurs volontés, par la règle de la majorité, en une seule volonté. »

Thomas Hobbes (1588-1679)

Sans État, les hommes vivent à l'état de nature, c'est-à-dire dans une totale insécurité et une peur permanente, que résume la formule : « **l'homme est un loup pour l'homme** ».

Pour échapper à cette peur, ils sont prêts à abandonner leur liberté naturelle pour se soumettre à un maître qui assure leur sécurité. Par un pacte social de soumission, ils s'assemblent sous le pouvoir d'un homme ou d'une assemblée qui fait la loi et possède la force légitime. C'est l'origine de **l'État, ou « Léviathan »**, le nom d'un monstre marin de la Bible.

Pour que l'État joue son rôle, son pouvoir doit être absolu : il décide même du bien et du mal et du sens des mots. C'est un modèle d'**État absolutiste** que contestent les tenants de la démocratie et d'un pouvoir de l'État limité par les droits de l'homme ou la séparation des pouvoirs.

La référence au Léviathan est pertinente dans des sujets sur l'origine de l'État, son rôle, sa légitimité et ses limites.

Sélection de citations à exploiter

« Il faut concevoir l'État contemporain comme une communauté humaine qui, dans les limites d'un territoire déterminé [...], revendique avec succès pour son propre compte le monopole de la violence physique légitime. »

Max Weber (1864-1920)

« Si l'État est fort, il nous écrase. S'il est faible, nous périssons. »

Paul Valéry (1871-1945)

« Le droit, l'ordre éthique, l'État constituent la seule réalité positive et la seule satisfaction de la liberté. »

Hegel (1770-1831)

« Tant que l'État existe, pas de liberté ; quand régnera la liberté, il n'y aura plus d'État. »

Vladimir I. Lénine (1870-1924)

« L'État, c'est le plus froid de tous les monstres froids. Il ment froidement ; et voici le mensonge qui s'échappe de sa bouche : "Moi, l'État, je suis le Peuple." »

Friedrich Nietzsche (1844-1900)

« L'État n'est que la muselière dont le but est de rendre inoffensive cette bête carnassière, l'homme, et de faire en sorte qu'il ait l'aspect d'un herbivore. »

Arthur Schopenhauer (1788-1860)

« La vertu politique est un renoncement à soi-même, qui est toujours une chose très pénible. »

Montesquieu (1689-1755)

« L'homme est par nature un animal politique. »

Aristote (384-322 av. J.-C.)

« L'état de la société sans gouvernement est l'un des états les plus naturels des hommes, et il doit subsister avec la conjonction de nombreuses familles et longtemps après la première génération. »

David Hume (1711-1776)

« Une fois que les hommes ont perçu que le gouvernement est nécessaire pour maintenir la paix et mettre à exécution la justice, ils s'assemblent tous naturellement, choisissent des magistrats dont ils déterminent le pouvoir et auxquels ils promettent d'obéir. »

David Hume (1711-1776)

« Le droit à l'autorité n'est rien que la possession constante de l'autorité, soutenue par les lois de la société et les intérêts de l'humanité. »

David Hume (1711-1776)

LA LIBERTÉ

Analyse d'une citation

« Les hommes se croient libres pour cette seule cause qu'ils sont conscients de leurs actions et ignorants des causes par où ils sont déterminés. »

Benoît de Spinoza (1632-1677)

Spinoza critique l'illusion de la liberté : les hommes croient choisir alors qu'ils sont choisis. Tel l'ivrogne qui croit faire ce qu'il veut alors qu'il est sous l'emprise de l'alcool, les hommes croient maîtriser leurs actions, parce qu'ils en ignorent les causes profondes : passions et sentiments inconscients, instincts corporels, influences sociales ou familiales… Bref, l'homme n'est pas un « empire dans un empire » : comme tous les êtres naturels, il est déterminé par les lois naturelles.

Précisément, Spinoza vise ici l'illusion du « libre arbitre », ou liberté de choix, que Descartes appelle « liberté d'indifférence ». Mais Spinoza admet une autre forme de liberté : la vraie liberté est dans la connaissance de la nécessité. C'est en connaissant les causes de mes actions que je peux y conformer ma liberté et vouloir vivre selon les lois de la nature. La liberté n'est pas dans le refus et la révolte, mais dans la connaissance de la nécessité.

Une citation célèbre qui réfute le libre arbitre, et qui tente de concilier liberté et déterminisme, science et morale.

Analyse d'une citation

« Être libre c'est vouloir que les choses arrivent, non comme il te plaît, mais comme elles arrivent. »

Épictète (50-135)

Épictète oppose une liberté intérieure et morale à une liberté physique. Je peux être libre même dans les fers et sous la torture ! En effet, mon corps, ma santé, ma famille, mes biens ne dépendent pas de moi, mais du destin et d'une nécessité qui m'échappe. Je ne suis pas libre si ma liberté dépend de ce qui ne dépend pas de moi. Seule ma volonté dépend de moi. Aussi, vouloir ce qui ne dépend pas de moi revient à m'aliéner et à me rendre malheureux.

La liberté n'est pas de soumettre le monde à mes désirs, mais d'adapter ma volonté à l'ordre nécessaire des choses. Je ne peux changer mon destin, mais je peux l'accepter, ou même l'aimer (l'*amor fati* stoïcien).

La liberté est-elle dans l'action qui change le monde (Hegel, Marx) ou dans l'autonomie de la volonté (Épictète, Kant) ?

Sélection de citations à exploiter

« L'homme est né libre, et partout il est dans les fers. »

Jean-Jacques Rousseau (1712-1778)

« Il n'y a point de liberté sans lois, ni où quelqu'un est au-dessus des lois. »

Jean-Jacques Rousseau (1712-1778)

« Les hommes naissent et demeurent libres et égaux en droits. »

Déclaration des droits de l'homme et du citoyen (1789)

« La liberté de notre volonté se connaît sans preuve, par la seule expérience que nous en avons. »

René Descartes (1596-1650)

« L'esclave, à l'instant où il rejette l'ordre humiliant de son supérieur, rejette en même temps l'état d'esclave lui-même. »

Albert Camus (1913-1960)

« Qui cherche dans la liberté autre chose qu'elle-même est fait pour servir. »

Alexis de Tocqueville (1805-1859)

« La préméditation de la mort est préméditation de la liberté. Qui a appris à mourir, il a désappris à servir. »

Michel de Montaigne (1533-1592)

« Ce que l'homme perd par le Contrat social, c'est sa liberté naturelle et un droit illimité à tout ce qui le tente et qu'il peut atteindre ; ce qu'il gagne, c'est la liberté civile et la propriété de tout ce qu'il possède. »

Jean-Jacques Rousseau (1712-1778)

« L'obéissance au seul appétit est esclavage et l'obéissance à la loi qu'on s'est prescrite est liberté. »

Jean-Jacques Rousseau (1712-1778)

« Méditer la mort, c'est méditer la liberté ; celui qui sait mourir, ne sait plus être esclave. »

Sénèque (1-65)

« La liberté est le droit de faire tout ce que les lois permettent. »

Montesquieu (1689-1755)

« La liberté consiste à vouloir que les choses arrivent non comme il te plaît, mais comme elles arrivent. »

Épictète (50-135)

LE DEVOIR

Analyse d'une citation

« Agis uniquement d'après la maxime qui fait que tu peux vouloir en même temps qu'elle devienne universelle. »

Emmanuel Kant (1724-1804)

C'est la formulation par Kant de **l'impératif catégorique** : c'est par cette maxime que la loi morale impose à la volonté ce que je dois faire, si je veux agir moralement. Je dois agir par devoir, et non selon le devoir.

C'est-à-dire que mon intention n'est pas de « faire semblant », mais d'avoir une intention pure et désintéressée. Le critère du devoir est une action qui peut être universalisée, étendue à tous les hommes.

Par exemple, **le mensonge** : si je pense avoir le droit de mentir, je dois reconnaître le même droit à tous les hommes. Mais si tous les hommes mentent comme moi, il n'y a plus aucune confiance et plus aucune moralité dans les relations humaines. Aussi, selon Kant, un « droit de mentir » serait contradictoire avec une **prétention universelle**.

Cela est indépendant du contenu de mon action. Cette définition formelle du devoir signifie que, par le devoir, la volonté veut l'universalité des actions humaines.

Cette célèbre formule permet de définir ce qu'est une action purement morale. Elle est indispensable pour un sujet portant sur les motifs de l'action humaine, intéressée ou désintéressée, égoïste ou altruiste, relative ou universelle.

Analyse d'une citation

« Homme, tu possèdes par nature une volonté qui ne connaît ni obstacle ni contrainte. »

Épictète (50-125)

Le devoir est une affaire de volonté : c'est la volonté qui oblige librement la volonté. C'est cette *autonomie de la volonté* qui constitue, pour les stoïciens, le devoir moral essentiel qui est de garder sa volonté libre de toute contrainte.

Ce devoir essentiel est nommé *katortoma*, ou **devoir absolu** : il s'agit de garder sa volonté droite quoi qu'on fasse. On l'illustre par l'image de l'archer qui doit viser parfaitement juste, quelle que soit la cible et quel que soit le résultat qui ne dépend pas de moi.

Mais on admet aussi des **devoirs relatifs**, d'état ou de situation, les *kathékonta*, liés à un rôle particulier, comme les devoirs d'une mère ou d'un soldat. Ce sont plus des devoirs sociaux de convention que des devoirs proprement moraux.

Cette référence résume une conception purement intérieure du devoir ; elle répond à la question de savoir si le devoir moral réside dans l'intention et la bonne volonté ou dans le résultat extérieur de l'action.

Sélection de citations à exploiter

« Le devoir est la nécessité d'accomplir une action par respect pour la loi. »

Emmanuel Kant (1724-1804)

« Nul ne possède d'autre droit que celui de toujours faire son devoir. »

Auguste Comte (1798-1857)

« Parmi les devoirs particuliers envers autrui, le premier est la véracité de la parole et de la conduite. »

Hegel (1770-1831)

« De cette définition du devoir comme absence de contradiction ou comme accord formel avec soi, [...] on ne peut passer à la définition de devoirs particuliers. »

Hegel (1770-1831)

« Le plus fort n'est jamais assez fort pour être toujours le maître s'il ne transforme sa force en droit et l'obéissance en devoir. »

Jean-Jacques Rousseau (1712-1778)

« Il n'y a jamais eu un acte qui fût purement accompli par devoir. »

Émile Durkheim (1858-1917)

« Le devoir, c'est la société en tant qu'elle nous impose des règles, qu'elle assigne des bornes à notre conduite. »

Émile Durkheim (1858-1917)

« Plus un homme a fondé profondément sa vie sur l'éthique, moins il sentira le besoin de parler constamment du devoir. »

Søren Kierkegaard (1813-1855)

« Le devoir est ce qui, une fois accompli, comporte une justification raisonnable. »

Zénon de Citium (332-262 av. J.-C.)

« Toute enquête sur le devoir est double. Une partie comporte ce qui intéresse le souverain bien, l'autre partie, ce qui a trait aux préceptes. »

Cicéron (106-43 av. J.-C.)

« L'homme est un être fini à qui incombe un devoir infini. »

Vladimir Jankélévitch (1903-1995)

LE BONHEUR

Analyse d'une citation

« Ce n'est pas seulement en vue de vivre, mais plutôt en vue d'une vie heureuse qu'on s'assemble en une cité. »

Aristote (384-322 av. J.-C.)

Le bonheur est le but propre à la vie humaine. C'est pourquoi une société humaine, une cité, recherche la vie heureuse, et non simplement la vie ou la survie matérielle. La division du travail, la production de richesses, la solidarité, les échanges ne suffisent pas à justifier une société humaine. Les hommes ne s'assemblent pas seulement pour les biens matériels, car les communautés animales le font aussi bien, comme les ruches ou les fourmilières. Le propre de l'animal politique qu'est l'homme est de chercher le bonheur grâce à la société. Les lois, la sécurité et le confort qu'apporte la vie en société ne sont que des moyens pour atteindre le bonheur. La richesse n'est pas une fin en soi, elle ne suffit pas à rendre heureux, si ne s'y ajoutent pas l'activité du citoyen, la pratique de l'amitié et la vie contemplative. Assurer la vie matérielle est une condition nécessaire, mais non suffisante, du bonheur.
Cette citation répond à la question de l'utilité de l'État et de la société : est-ce l'individu qui sert l'État (totalitarisme), ou l'État qui sert au bonheur de l'individu (libéralisme) ? Elle permet aussi une distinction entre la simple existence matérielle et la vie morale du citoyen.

Analyse d'une citation

« Il vaut mieux être un homme insatisfait qu'un porc satisfait ; il vaut mieux être Socrate insatisfait qu'un imbécile satisfait. »

John Stuart Mill (1806-1873)

Pour la doctrine utilitariste que soutient Mill, le bonheur consiste dans la quantité de plaisir obtenue : plus on satisfait de désirs, plus on est heureux.

Mais attention, tous les plaisirs ne se valent pas, et le bonheur proprement humain doit respecter la dignité humaine qui veut que les plaisirs de l'esprit soient supérieurs à ceux du corps. Mill va plus loin : il faut savoir sacrifier son plaisir, si celui-ci est contraire à la dignité humaine. Par exemple, renoncer au plaisir de l'alcool si cela nuit à l'activité intellectuelle. Il vaut mieux un Socrate malheureux qu'un imbécile heureux.

Le bonheur n'est pas que dans le plaisir : encore faut-il que ce plaisir soit en accord avec la hiérarchie qui rend l'homme supérieur à la bête.

Cela précise une conception du bonheur proprement humaine, qui échappe au relativisme qui voudrait que chacun trouve le bonheur où il peut. L'auteur propose un critère objectif au bonheur : il doit être conforme aux besoins de sa nature propre.

Sélection de citations à exploiter

« Il faut avoir femmes, enfants, biens, et surtout de la santé, si l'on peut ; mais non pas s'y attacher en manière que notre bonheur en dépende. »

Michel de Montaigne (1533-1592)

« Il n'y a qu'une route vers le bonheur, c'est de renoncer aux choses qui ne dépendent pas de notre volonté. »

Épictète (50-127)

« Le problème qui consiste à déterminer d'une façon sûre et générale quelle action peut favoriser le bonheur d'un être raisonnable est un problème tout à fait insoluble. »

Emmanuel Kant (1724-1804)

« Le bonheur est un idéal de l'imagination et non de la raison. »

Emmanuel Kant (1724-1804)

« Le bonheur est la satisfaction de tous nos penchants. »

Emmanuel Kant (1724-1804)

« Le bonheur, c'est de continuer à désirer ce qu'on possède. »

Saint Augustin (354-430)

« Ce n'est ni un seul jour ni un court intervalle de temps qui font la félicité et le bonheur. »

Aristote (384-322 av. J.-C.)

« Qu'est-ce que le bonheur ? Le sentiment que la puissance croît, qu'une résistance est en voie d'être surmontée. »

Friedrich Nietzsche (1844-1900)

« Il n'y a qu'une erreur innée : celle qui consiste à croire que nous existons pour être heureux. »

Arthur Schopenhauer (1788-1860)

« Notre bonheur ne consistera jamais dans une pleine jouissance, où il n'y aurait plus rien à désirer ; mais dans un progrès perpétuel à de nouveaux plaisirs et de nouvelles perfections. »

Leibniz (1646-1716)

« Le bonheur n'est pas un plaisir singulier, mais un état durable, d'une part un plaisir affectif, d'autre part aussi des circonstances et des moyens qui permettent, à volonté, de provoquer du plaisir. »

Hegel (1770-1831)

HISTOIRE

Programme d

THÈME
1

e première

L'Europe face aux révolutions (1789-1848)

LA RÉVOLUTION FRANÇAISE ET L'EMPIRE : UNE NOUVELLE CONCEPTION DE LA NATION

« L'Assemblée nationale [...] arrête que tous les membres de cette Assemblée prêteront, à l'instant, serment solennel de ne jamais se séparer, et de se rassembler partout où les circonstances l'exigeront, jusqu'à ce que la Constitution du royaume soit établie et affermie sur des fondements solides. »

Serment du Jeu de paume, formulé par Bailly, président de l'Assemblée, 20 juin 1789

« — C'est une émeute ? — Non Sire, c'est une révolution ! »

Le duc de La Rochefoucauld répondant à une question de Louis XVI le 14 juillet 1789 (propos rapportés par Jules Michelet en 1848)

« Les hommes naissent et demeurent libres et égaux en droits. Les distinctions sociales ne peuvent être fondées que sur l'utilité commune. »

Article 1 de la Déclaration des droits de l'homme et du citoyen du 26 août 1789

Analyse d'une citation

« Nous sommes ici par la volonté du peuple et nous n'en sortirons que par la force des baïonnettes ! »

Mirabeau, 23 juin 1789

Déclaration de Mirabeau (1749-1791) face au marquis de Dreux-Brézé, chargé par le roi d'expulser les députés de la toute récente Assemblée nationale réunis à Versailles dans la salle des Menus-Plaisirs, le 23 juin 1789. Cette citation est restée célèbre dans l'histoire de la Révolution française. Elle peut servir dans une copie pour illustrer la détermination des tout récents représentants de la nation de mettre à bas l'absolutisme par une série de réformes (et cela avant même que le peuple entre en révolution avec la prise de la Bastille du 14 juillet 1789).

Analyse d'une citation

« Le principe de toute souveraineté réside essentiellement dans la nation. »

Article 3 de la Déclaration des droits de l'homme et du citoyen du 26 août 1789

La Déclaration des droits de l'homme et du citoyen de 1789 est le texte juridique qui, par l'ensemble de ses articles, marque la fin définitive de l'Ancien Régime en France. L'article 3 précise ainsi que la souveraineté, définie comme le droit d'exercer l'autorité politique sur un territoire et ses habitants, appartient à la nation. On voit bien à quel point le changement est important. Avec la Révolution française, la souveraineté passe du monarque absolu de droit divin, le roi, à la nation, définie comme une communauté humaine qui a conscience de son unité et qui manifeste la volonté de vivre ensemble. Cette citation peut être utilisée dans toute question problématisée visant à montrer l'ampleur de la rupture révolutionnaire avec « l'Ancien Régime ».

« Les nations sont entre elles, dans l'ordre politique, ce que sont entre eux les individus dans l'ordre social. »

Lazare Carnot, février 1793

Analyse d'une citation

« S'ils n'ont pas de pain, qu'ils mangent de la brioche ! »

Attribué à Marie-Antoinette, 5 octobre 1789

Ce propos attribué à Marie-Antoinette (1755-1793) est aujourd'hui considéré par de nombreux historiens comme apocryphe. La reine de France ne l'aurait jamais prononcé. Toutefois, la citation lui est largement associée à partir de la seconde moitié du XIXe siècle. Il est rapporté que la reine aurait prononcé ces paroles lors de la manifestation de femmes du peuple de Paris venues réclamer du pain à Versailles le 5 octobre 1789. Elle peut être utile dans une copie pour venir en appui à deux idées. D'abord, le mépris d'une partie de l'aristocratie et de la haute noblesse à l'égard du processus révolutionnaire à l'œuvre depuis l'été 1789. Un certain nombre de membres de la famille royale (comme les frères de Louis XVI, le comte de Provence, futur Louis XVIII et le comte d'Artois, futur Charles X), mais aussi des « Grands » du royaume, ont pris le chemin de l'exil en Angleterre, en Prusse ou en Autriche, formant le groupe des « Émigrés ». Ensuite, la citation peut aussi être retournée, puisque fabriquée *a posteriori*, afin de démontrer l'hostilité populaire très forte à l'égard de la reine Marie-Antoinette durant la période révolutionnaire, qui s'est ensuite retrouvée au XIXe siècle chez des historiens de la Révolution française.

Analyse d'une citation

« C'est pendant la guerre que le pouvoir exécutif déploie la plus redoutable énergie et qu'il exerce une sorte de dictature qui ne peut qu'effrayer la liberté naissante. »

Maximilien Robespierre, 18 décembre 1791

Maximilien Robespierre (1758-1794) est un acteur important de la Révolution française, particulièrement lorsqu'il devient membre du Comité de salut public à partir de l'été 1793 sous la Convention montagnarde. En décembre 1791, Robespierre est la figure de proue du Club des Jacobins, après avoir été député de l'Artois à l'Assemblée nationale constituante de 1789 à septembre 1791. Ce verbatim est prononcé dans un contexte de conflit entre l'Assemblée législative (qui a succédé à la constituante) et le roi Louis XVI, qui ne veut pas d'une monarchie constitutionnelle et conspire pour faire entrer la France en guerre contre la Prusse et l'Autriche. Une défaite lui permettant de rétablir son pouvoir absolu. L'Assemblée législative souhaite aussi une guerre, car une victoire lui permettrait de renforcer sa légitimité. Les voix qui s'opposent à la guerre sont très minoritaires. Parmi elles, celle de Robespierre, qui craint l'établissement d'une dictature et un recul de la liberté.

Robespierre, arrivé au pouvoir à partir de juillet 1793, met en place avec le Comité de salut public les mesures révolutionnaires qui doivent permettre, selon lui, de triompher des ennemis extérieurs (monarchies coalisées contre la République) et intérieurs (révoltes fédéralistes, insurrection de la Vendée) de la République. Ces mesures révolutionnaires sont plus connues sous le nom de « la Terreur ».

« Personne n'aime les missionnaires armés. »

Maximilien Robespierre,
discours au Club des Jacobins, 2 janvier 1792

Analyse d'une citation

« De l'audace, encore de l'audace, toujours de l'audace ! »

Danton, 2 septembre 1792

Danton (1759-1794) prononce cette phrase dans le contexte de la guerre opposant la France à la Prusse et l'Autriche depuis le 20 avril 1792. Début août, Paris est menacé par les troupes du duc de Brunswick, qui commande les troupes coalisées. Cela provoque la chute de la monarchie après la prise des Tuileries, le 10 août 1792. La phrase de Danton, député à l'Assemblée législative clôt un discours dans lequel il s'efforce de galvaniser les députés (et le peuple qu'ils représentent) pour résister à l'invasion. La formule est restée, car vingt jours plus tard, c'est la victoire des armées françaises à Valmy qui permet d'écarter un temps la menace extérieure sur la Révolution.

« Tout roi est un rebelle et un usurpateur. »

Saint-Just, 13 novembre 1792

Analyse d'une citation

« Le tyran n'est plus, il a trop vécu pour le malheur du peuple français. »

Jacques Pelletier, 21 janvier 1793

Jacques Pelletier (1749-1839), député du Cher à la Convention, fait partie des députés qui ont voté la mort de Louis XVI en janvier 1793 (en souhaitant toutefois accorder un sursis au roi déchu). La citation est prononcée juste après l'exécution de Louis XVI, le 21 janvier 1793. Elle reflète bien le divorce qui s'est établi progressivement entre le roi et la nation depuis juin 1791, et l'échec de la fuite à Varennes.

Analyse d'une citation

« Si le ressort du gouvernement populaire dans la paix est la vertu, le ressort du gouvernement populaire en révolution est la vertu et la terreur. »

Maximilien Robespierre,
18 pluviôse an II (5 février 1794)

La Terreur désigne l'ensemble des mesures d'exception prises par le Comité de salut public entre septembre 1793 et juillet 1794 pour lutter contre les dangers qui menacent la République et les acquis de la Révolution, qu'ils soient extérieurs (guerre aux frontières contre la Première Coalition qui regroupe les principales puissances européennes contre la France à partir de 1792) ou intérieurs (révoltes fédéralistes et insurrection en Vendée contre la levée en masse). Robespierre en est l'un des principaux artisans. Ici, il associe la vertu, la force morale du bien, au gouvernement populaire. Il est indiscutablement démocrate. Mais, dans la situation de péril pour la Révolution, il y associe la terreur, justifiant un état d'exception. La Constitution de l'an II, l'une des plus démocratiques que la France ait connue, ne fut jamais appliquée. Elle était placée sous une cloche de verre au sein de la Convention, symbolisant ainsi sa suspension tant que la paix ne serait pas établie et le danger planant sur la révolution écarté. La chute de Robespierre le 9 thermidor an II (27 juillet 1794) voit le retour du pouvoir entre les mains de modérés qui souhaitent mettre un terme à la Révolution.

« Nous devons être gouvernés par les meilleurs. »

Boissy d'Anglas, 29 juin 1795

Analyse d'une citation

« On a tout détruit, il s'agit de recréer. »

Bonaparte, dans une déclaration au Conseil d'État, 8 mai 1802

Le général Bonaparte (1769-1821) est au pouvoir depuis le coup d'État du 18 brumaire an VIII (9 novembre 1799). Son dessein politique, en donnant naissance au Consulat (puis à l'Empire en 1804), est clairement de mettre un terme à la période révolutionnaire (qui a détruit l'Ancien Régime) pour recréer un État et une société sur des bases solides et stables. Cette citation illustre parfaitement la volonté du Premier Consul de conserver un certain nombre d'acquis de la Révolution (les principes de 1789 entre autres), en les inscrivant dans la durée tout en se méfiant énormément de ce qui relève pour lui du désordre (les « excès » des Jacobins en particulier). Bonaparte souhaite en effet établir aussi un ordre politique autoritaire. Il y parvient par un certain nombre de mesures adoptées durant cette période, restées célèbres sous le terme de « masses de granit » (au premier rang desquelles, le Code Civil de 1804).

« Nous ne sommes plus Provençaux, Bretons, Alsaciens, mais Français. »

Jean-Étienne Portalis, mars 1804

« Je ne souffrirai jamais que les journaux disent ni fassent rien contre mes intérêts. »

Napoléon Ier, 22 avril 1804

« Soldats ! Songez que du haut de ces pyramides, quarante siècles d'histoire vous contemplent. »

Napoléon Bonaparte, 21 juillet 1798

« Soldats ! Je suis content de vous. »

Napoléon Ier, 2 décembre 1805

« Impossible n'est pas français. »

Napoléon Ier, 30 novembre 1808

« C'est par le feu et non par le choc que se décident aujourd'hui les batailles. »

Napoléon Ier

« Peuple russe ! Brave descendance des braves Slaves ! [...] Unissez-vous ! Avec la croix dans le cœur et les armes dans les mains, aucune force humaine ne pourra vous vaincre. »

Alexandre Ier (tsar de Russie), 18 juillet 1812

« La garde meurt mais ne se rend pas ! Merde ! »

Général Cambronne, 18 juin 1815

« J'ai dessouillé la révolution, ennobli les peuples et raffermi les Rois. »

Napoléon Ier cité par le Comte de Las Cases
dans *Le Mémorial de Sainte-Hélène*, 1828

Analyse d'une citation

« Tu ne dévoreras plus nos enfants : nous ne voulons plus de ta conscription, de ta police, de ta censure, de tes fusillades nocturnes, de ta tyrannie. »

François-René de Chateaubriand, 1814

« La voix du monde te déclare le plus grand coupable qui ait jamais paru sur la terre. »

François-René de Chateaubriand, 1814

Ces deux citations issues de la plume du grand écrivain François-René de Chateaubriand (1768-1848), chef de file du courant romantique en France, évoque l'empereur Napoléon Ier. Elles montrent bien combien la figure de l'Empereur est, dès la fin de son règne (et avant même les Cent-Jours), détestée par une partie de l'opinion en France qui associe la figure du « petit Corse » à la fin de l'Ancien Régime, à la période révolutionnaire et la Terreur, à la perte des privilèges de la noblesse et du clergé d'avant 1789. Bref, cette minorité de l'opinion comprenant les couches de la société qui ont beaucoup perdu avec la Révolution et qui se réjouissent du retour de Louis XVIII au pouvoir lors de la Restauration. Ces deux citations pourront être utilisées dans des devoirs de question problématisée portant sur le bilan de la Révolution française et de l'Empire.

L'EUROPE EN RESTAURATION ET RÉVOLUTION (1814-1848)

« Lorsque la sagesse des rois s'accorde librement avec le vœu des peuples, une Charte constitutionnelle peut être de longue durée. »

Louis XVIII,
Charte constitutionnelle de 1814.

« J'ai mes vieilles idées, je veux mourir avec elles… »

Charles X

« Le duc d'Orléans est un roi-citoyen. »

Adolphe Thiers, 30 juillet 1830

« Les Turcs ont passé par là. Tout est ruine et deuil. »

Victor Hugo, juin 1828, poème « L'Enfant »
à propos des massacres de Chios (1822)
paru dans *Les Orientales* en 1829

Analyse d'une citation

« Dans la situation où nous sommes placés, l'obéissance cesse d'être un devoir. »

Adolphe Thiers, 27 juillet 1830

Cette citation est extraite d'une protestation rédigée par Adolphe Thiers (1797-1877), alors journaliste au quotidien *Le National*, approuvée par 44 de ses confrères fin juillet 1830, après que le roi Charles X a promulgué une série d'ordonnances limitant considérablement la liberté de la presse. Ces ordonnances vont à l'encontre de la Charte de 1814 qui avait permis la restauration d'une monarchie en France. Cela provoque les journées révolutionnaires des « Trois Glorieuses » (27, 28 et 29 juillet 1830), qui voient le peuple de Paris se soulever contre le roi, dresser des barricades dans les quartiers populaires et affronter l'armée. Charles X et la famille royale prennent la fuite. Adolphe Thiers, partisan d'une monarchie libérale et très opposé à l'établissement d'une république, joue un grand rôle dans l'arrivée sur le trône de Louis Philippe, qui établit une monarchie libérale avec une Charte « rénovée », ce qui permet une relative stabilité politique jusqu'en février 1848.

Analyse d'une citation

« Le Seigneur Dieu qui a frappé nos pères et leurs enfants, vous annonce, par ma bouche, la fin des jours de larmes et d'épreuves. »

Germanos, archevêque de Patras, 25 mars 1821

C'est par ces mots que Germanos (1771-1826), archevêque grec orthodoxe de Patras, dans le Péloponnèse, appelle des milliers de Grecs à la révolte contre les Turcs ottomans. C'est le début de la guerre qui s'achève en 1830 par la reconnaissance de l'indépendance de la Grèce par l'Empire ottoman.

Cette citation est intéressante à utiliser dans une copie pour souligner le poids de l'Église orthodoxe dans la lutte des Grecs pour leur indépendance. Le clergé grec-orthodoxe, et la foi chrétienne jouent en effet un rôle important comme élément de maintien et d'affirmation de la nation et de l'identité grecques durant les quatre siècles de domination ottomane.

« La nation grecque prend le ciel et la terre à témoin que, malgré le joug affreux des Ottomans qui la menaçait d'une ruine entière, elle existe encore. »

Déclaration d'indépendance grecque, janvier 1822

Analyse d'une citation

« L'ordre règne à Varsovie. »

Horace Sébastiani, 1831

Cette formule fut employée en septembre 1831 par Horace Sébastiani (1772-1851), ministre des Affaires étrangères français, lors d'un débat à la Chambre des députés à la suite d'une question posée sur la situation de la Pologne et des Polonais, victimes d'une sanglante répression par l'Empire russe qui achève l'insurrection commencée en novembre 1830. Le ministre aurait déclaré plus précisément : « la tranquillité règne à Varsovie ». Mais, la formule provoqua la moquerie de l'opposition et fut transformée en « l'ordre règne à Varsovie ».

Elle peut être utilisée dans toute copie pour illustrer la brutalité de la répression du mouvement national polonais dans la première moitié du XIXe siècle ou l'essor du mouvement des nationalités qui remet en cause l'ordre du Congrès de Vienne.

« *L'Italia farà da sé* (L'Italie se fera elle-même/toute seule). »

Proverbe italien des années 1840

« L'Italie est comme un artichaut qu'il faut manger feuille à feuille. »

Klemens Wenzel Von Metternich

« Il est vrai que je n'aime pas les démocraties. »

Klemens Wenzel Von Metternich

Analyse d'une citation

« Quand Paris s'enrhume, l'Europe prend froid... »

Klemens Wenzel Von Metternich, 1830

Le comte de Metternich (1773-1859) est ministre des Affaires étrangères de l'Empire d'Autriche, artisan du Congrès de Vienne de 1814-1815, puis chancelier de l'Empire (Premier ministre) entre 1821 et 1848. Il reste attaché à la restauration de l'absolutisme en Europe au lendemain de la défaite de la France napoléonienne. Partisan d'un ordre diplomatique européen fondé sur l'union des principaux souverains européens (la Sainte-Alliance fondée en 1815 regroupe les Empires de Russie, d'Autriche et le Royaume de Prusse), il incarne l'ordre réactionnaire en Europe, entre la Restauration et les révolutions de 1848.

Cette citation pourra être utilisée pour démontrer que, dans cette première moitié du XIXe siècle, un mouvement révolutionnaire à Paris était susceptible d'embraser toute l'Europe. Tel fut le cas en 1830, quand la chute de Charles X en juillet 1830 fut suivie d'une insurrection à Bruxelles en août 1830, conduisant à l'indépendance de la Belgique, ou du soulèvement polonais de novembre 1830 qui se poursuit jusqu'en octobre 1831, réprimé dans le sang par l'empereur de Russie. En février 1848, la naissance de la Deuxième République à Paris s'accompagne dans les mois qui suivent de soulèvements à Berlin, Vienne, Budapest, Prague, et dans un certain nombre de villes italiennes comme Milan. Toutes réclament la fin de l'absolutisme, la liberté et une indépendance nationale pour les Italiens et les Hongrois sous le joug de l'Autriche.

« Chaque jour nous apporte la nouvelle d'une révolution et d'un trône renversé. »

Prosper Mérimée,
lettre à la comtesse de Montijo, 25 mars 1848

THÈME 2

e première

La France dans l'Europe des nationalités : politique et société (1848-1871)

LA DIFFICILE ENTRÉE DANS L'ÂGE DÉMOCRATIQUE : LA DEUXIÈME RÉPUBLIQUE ET LE SECOND EMPIRE

« La révolution qui commence est tout autre que celle de 1830. »

Frédéric Ozanam, mars 1848

« Le drapeau tricolore a fait le tour du monde, avec le nom, la gloire et la liberté de la Patrie. »

Alphonse de Lamartine, 25 février 1848

« La république est la plus belle et la meilleure chose des sociétés modernes. »

George Sand, 8 mars 1848

Analyse d'une citation

« Une vie nouvelle commence, nous allons nous connaître, nous allons nous aimer, nous allons chercher ensemble et trouver la vérité sociale. »

George Sand, mars 1848

Femme de lettres issue de la haute aristocratie, Aurore Dupin (1804-1876) prend le pseudonyme de George Sand en 1830. Elle accueille avec enthousiasme la révolution de février 1848, qui permet l'instauration de la IIe République en fondant en avril 1848 le journal *La Cause du peuple* (qui ne connaît que trois numéros), d'où est extraite cette citation. Par ces mots, George Sand exprime bien l'esprit de fraternité qu'entend développer la nouvelle république avec les autres valeurs de liberté et d'égalité. Cette fraternité dont elle pense qu'elle permettra de dépasser les clivages sociaux.

Cette citation pourra être utilisée à bon escient dans tout devoir dans lequel les candidats seront amenés à évoquer « l'esprit de 1848 » et les espoirs suscités par la révolution de février, qui voit l'instauration du suffrage universel masculin, l'abolition de l'esclavage dans les colonies françaises et la proclamation du « droit au travail », avec la création des ateliers nationaux.

« Tout un système a triomphé par mon élection, car le nom de Napoléon est à lui seul tout un programme. »

Louis-Napoléon Bonaparte, 31 octobre 1849

« Sur cette terre d'égalité et de liberté, tous les hommes respirent le même air et le même droit. »

Victor Hugo, 21 mai 1850

« La Révolution et la République sont indivisibles. L'une est la mère, l'autre est la fille. »

Victor Hugo, 17 juillet 1851

Analyse d'une citation

« La République est une marâtre. La monarchie est le salut de l'humanité. »

Charlotte de Belgique à son mari Maximilien,
septembre 1866

À partir de 1862, Napoléon III entend établir au Mexique une monarchie conservatrice et catholique qui puisse satisfaire aussi les intérêts français. En 1864, Maximilien de Habsbourg est proclamé empereur du Mexique avec l'appui de troupes françaises. Cela déclenche une insurrection des partisans de Benito Juárez, qui souhaitent le rétablissement d'une république. Le pays est plongé dans la guerre civile. Cette citation, extraite d'une lettre de Charlotte de Belgique (1840-1927) à son mari Maximilien (1832-1867), montre bien l'opposition des partisans de l'empereur du Mexique à toute réforme politique démocratique et leur volonté d'écraser leurs adversaires sans qu'une négociation soit envisageable. Cela provoque la chute du régime en 1867 et l'exécution de Maximilien par les partisans de Juárez après leur victoire. La citation pourra être utilisée aussi bien dans une copie où serait évoquée la guerre civile au Mexique (1864-1867) que dans une autre qui évoquerait la république et le mépris dans lequel était tenu ce régime politique par une partie de l'opinion conservatrice et réactionnaire au milieu du XIXe siècle. Ce que dit Eugénie était pensé dans les mêmes termes par une majorité de l'aristocratie et une partie non négligeable de la bourgeoisie en Europe, tous partisans d'un ordre social et politique conservateur pour qui la république (à laquelle était associée l'idée de suffrage universel, par exemple) représentait le désordre.

« J'ai pris comme modèle les institutions qui, au lieu de disparaître au premier souffle des agitations populaires, n'ont été renversées que par l'Europe entière coalisée contre nous. »

Napoléon III, 14 janvier 1852

« Je ne lis jamais les journaux français, ils n'impriment que ce que je veux… »

Napoléon III, 1852

« Il ne sera jamais que l'étrangleur nocturne de la liberté. »

Victor Hugo, *Napoléon le Petit*, 1852

« J'étais un impérialiste de naissance et de conviction. »

Baron Haussmann, *Mémoires*, 1890

Analyse d'une citation

« Entre la République de 1848 et la République de l'avenir vous n'êtes qu'un pont, et ce pont nous le passerons. »

Léon Gambetta, 1869

Lors des élections législatives de 1869, Léon Gambetta (1838-1882) fait partie des trente députés républicains élus lors de ce scrutin organisé au suffrage universel masculin. S'ils constituent encore une minorité face à l'écrasante majorité bonapartiste, Gambetta n'en manifeste pas moins par cette phrase sa confiance dans l'avenir de la République en France. Napoléon III et le régime impérial connaissent à cette date un certain nombre de difficultés qui les ont contraints à faire des concessions dans les domaines de la liberté de la presse notamment. Un an plus tard, en juillet 1870, la guerre franco-prussienne commence. Elle scelle le destin de l'Empire et voit la naissance de la IIIe République le 4 septembre 1870.

Cette citation pourra être utilisée dans tout sujet de question problématisée où le candidat sera amené à évoquer le régime autoritaire de Napoléon III, ou même d'un sujet sur les difficultés de la IIe République conduisant à son échec et à la naissance du Second Empire (pour achever une conclusion).

L'INDUSTRIALISATION ET L'ACCÉLÉRATION DES TRANSFORMATIONS ÉCONOMIQUES ET SOCIALES EN FRANCE

Analyse d'une citation

« Je regrette le Paris de nos pères que ne remplacera jamais le Paris de nos fils. »

Alfred Delvau, 1867

De 1853 à 1870, Paris, capitale de l'Empire, connaît d'importantes transformations sous la conduite du Baron Haussmann (1809-1891), préfet de la Seine. Vaste projet urbain visant à moderniser la capitale, les travaux haussmanniens consistent en un ensemble de percements de rues et de boulevards, de créations d'espaces verts, de mise en place de mobilier urbain et de création de réseaux d'égouts et d'adduction d'eau. Si ces aménagements ont contribué à donner à la capitale le visage qu'on lui connaît encore, il n'a pas été sans détracteurs. Ainsi, le journaliste et écrivain Alfred Delvau (1825-1867) évoque, avec un brin de mélancolie, le Paris disparu du fait des travaux entrepris sous le Second Empire, qui ont relégué dans les « oubliettes de l'histoire » le Paris aux rues étroites et tortueuses avec ses vieilles maisons héritées pour partie de l'époque médiévale, que Victor Hugo avait encore sous les yeux lorsqu'il publie *Notre-Dame de Paris* en 1831, ce fameux « Paris de nos pères » que regrette amèrement Delvau.

« On a constitué dans Paris deux cités bien différentes et hostiles, la ville du luxe, entourée, bloquée par la ville de la misère. »

Louis Lazare, 1870

« La vapeur dès son apparition dans le monde de l'industrie a brisé tous les rouets, toutes les quenouilles, et il a bien fallu que fileuses et tisseuses, privées de leur antique gagne-pain, s'en vinssent réclamer une place à l'ombre du haut-fourneau de l'usine. »

Jules Simon, 1861

Analyse d'une citation

« Le suffrage universel nous a rendus majeurs politiquement, mais il reste encore à nous émanciper socialement. »

Henri Tolain, février 1864

Henri Tolain (1828-1897) est un ouvrier ciseleur parisien, auteur d'un manifeste signé par soixante ouvriers et publié avec l'accord de la censure dans le journal L'*Opinion nationale*, le 17 février 1864. Ce texte réclame des réformes destinées à l'amélioration des conditions de vie de la classe ouvrière naissante dans cette phase d'industrialisation de la France : instruction primaire et professionnelle obligatoire, droit syndical, réglementation du travail des femmes. Henri Tolain participe au congrès fondateur de l'Association Internationale des Travailleurs (AIT), mais refuse de participer à la Commune de Paris en mars 1871, ce qui lui vaut une exclusion de l'AIT. Sénateur de la Seine sous la IIIe République, il est vu à partir des années 1880 par les socialistes français comme « le Judas de la classe ouvrière ».

L'usage de cette citation sera de bon ton dans un devoir portant sur le thème de l'émergence de la question sociale en France dans les années 1860, en lien avec la loi du 25 mai 1864 qui autorise le droit de grève sous certaines conditions (ne pas porter atteinte à « la liberté du travail », bannir toute violence…).

LA FRANCE ET LA CONSTRUCTION DE NOUVEAUX ÉTATS PAR LA GUERRE ET PAR LA DIPLOMATIE

« Le but de cette guerre est de rendre l'Italie à elle-même. »

Napoléon III, mai 1859

« Pour servir l'indépendance italienne, j'ai fait la guerre contre le gré de l'Europe ; dès que les destinées de mon pays ont pu être en péril, j'ai fait la paix. »

Napoléon III, juillet 1859

« Nous n'avons d'autre but que de rendre l'Italie aux Italiens. »

Cavour, mai 1860

Analyse d'une citation

« Jamais, jamais, l'Italie ne s'emparera de Rome. »

Eugène Rouher, 1866

Eugène Rouher (1814-1884) est l'une des principales figures politiques du Second Empire et du parti bonapartiste. Il était une des voix les plus écoutées par Napoléon III, tant en ce qui concerne les affaires intérieures qu'extérieures. La citation concerne la politique menée par l'Empire vis-à-vis du mouvement de l'Unité italienne mené à partir des années 1840-1850 par le Royaume de Piémont-Sardaigne et son Premier ministre, le comte de Cavour. Si, jusqu'à la fin des années 1850, la France a soutenu les ambitions de Cavour (bataille de Solferino en 1859, qui consacre la libération de la Lombardie de la domination autrichienne), Napoléon III s'oppose au processus d'unification de la péninsule à partir de 1861, pour se poser en défenseur du Pape et des états pontificaux, afin de complaire aux catholiques de France, fervents soutiens du régime. À deux reprises (en 1864 et en 1867), l'empereur envoie des troupes pour défendre Rome et le Pape menacés par les partisans du Royaume d'Italie (proclamé par Victor-Emmanuel II, ancien roi de Piémont-Sardaigne devenu roi d'Italie en 1861).

La citation de Rouher montre bien cette volonté de Napoléon de défendre à tout prix le Pape face au jeune royaume d'Italie. Ce n'est qu'en 1870, après la défaite française de Sedan face à la Prusse, que les troupes italiennes peuvent entrer dans Rome, contre la volonté du

Pape. Un plébiscite entérine ensuite le rattachement de la ville, et Rome devient la capitale du royaume en 1871.

Analyse d'une citation

« Ce n'est pas par des discours et des votes de majorité que les grandes questions de notre époque seront résolues, mais par le fer et par le sang. »

Otto Von Bismarck, 1862

Otto Von Bismarck (1815-1898) est le principal artisan de l'unité allemande entre les années 1840 et 1871, qui voit la proclamation de l'Empire allemand à l'issue de la guerre franco-prussienne commencée en juillet 1870. Cette citation a été prononcée dans un discours fait par celui qui était alors ministre-président de Prusse (équivalent de chef de gouvernement) lors d'un discours à la Chambre des représentants de Prusse, le 30 septembre 1862. Elle est emblématique de la politique menée par Bismarck pour réaliser l'unité allemande autour de la Prusse à partir des années 1860. C'est en effet par la guerre que le royaume de Prusse exclut l'Autriche du projet d'unité allemande (victoire prussienne de Sadowa, 1866), et c'est bien la victoire contre la France en janvier 1871 qui permet la proclamation de l'Empire allemand. Cette citation pourra être utilisée dans tout devoir dans lequel l'élève aura une réponse à une question problématisée portant sur la France et la construction de l'Empire allemand.

Programme c

THÈME

3

e première

La Troisième République avant 1914 : un régime politique, un empire colonial

LA MISE EN ŒUVRE DU PROJET RÉPUBLICAIN

« Aujourd'hui, une conciliation serait une trahison. »

Louise Michel, mai 1871

« Nous n'avons jamais voulu que le triomphe des grands principes de la Révolution. »

Louise Michel, décembre 1871

Analyse d'une citation

« Quand la France aura fait entendre sa voix souveraine, croyez-le bien, Messieurs, il faudra se soumettre ou se démettre. »

Léon Gambetta, août 1877

Léon Gambetta (1838-1882) est un républicain convaincu, membre du gouvernement de Défense nationale en 1870 et député à l'Assemblée législative. Cette phrase restée célèbre conclut un discours de Gambetta prononcé à Lille dans la période qui oppose l'Assemblée au président de la République, le monarchiste Mac Mahon. Ce dernier a dissous la Chambre des députés, et Gambetta est en campagne pour faire triompher une majorité républicaine solide qui doit permettre d'ancrer solidement la république en France, sans risque de retour à une monarchie ou à tout autre régime personnel sur le modèle impérial. Ici, Gambetta lance en quelque sorte un avertissement solennel à Mac Mahon. Ce dernier, après la victoire des Républicains aux élections législatives d'octobre 1877, se soumet un temps, puis il démissionne en janvier 1879.

La citation pourra venir illustrer les copies portant sur des sujets de question problématisée dans lesquels il est demandé de montrer la manière dont le régime républicain se met en place et s'enracine, ainsi que les oppositions qu'il rencontre.

« Nos jeunes maîtres étaient beaux comme des hussards noirs. »

Charles Péguy, *L'Argent*, 1913

« L'instruction religieuse appartient aux familles et à l'Église, l'instruction morale à l'école. »

Jules Ferry, 1883

« Le premier devoir d'une République est de faire des républicains, et l'on ne fait pas un républicain comme on fait un catholique. »

Ferdinand Buisson, 1903

« Ce n'est pas à des funérailles que nous assistons, c'est à un sacre. »

Émile Augier,1er juin 1885

Analyse d'une citation

« Je viens d'assister aux funérailles de Victor Hugo, du haut d'une fenêtre donnant sur le boulevard Saint-Germain. C'était vraiment colossal. »

Abbé Mugnier, juin 1885

L'abbé Arthur Mugnier (1853-1944) est un prêtre catholique resté célèbre pour avoir participé à la vie mondaine et littéraire parisienne des années 1880 à la fin des années 1930. Il a notamment tenu un journal (dont est extraite cette citation) dans lequel il évoque ses relations avec les écrivains et les artistes de son temps. Ici, cet ecclésiastique évoque les funérailles nationales de Victor Hugo auxquelles assistèrent près d'un million de personnes, massées tout le long du parcours entre l'Arc de triomphe de l'Étoile et le Panthéon.

« Je n'ai qu'une passion, celle de la lumière, au nom de l'humanité qui a tant souffert et qui a droit au bonheur. Ma protestation enflammée n'est que le cri de mon âme. »

Émile Zola, janvier 1898

Analyse d'une citation

« Que Dreyfus est capable de trahir, je le conclus de sa race. »

Maurice Barrès, 1904

Maurice Barrès (1862-1923), écrivain et acteur politique de premier plan dans l'Affaire Dreyfus, fut l'un des chefs de file des antidreyfusards. Il est, dans les années 1890-1900, l'une des figures les plus importantes du nationalisme en France, à tel point qu'il est resté, pendant longtemps, un maître à penser de la droite nationaliste et réactionnaire française. Cette citation est souvent reprise pour mettre en avant la violence de l'antisémitisme au moment de l'Affaire Dreyfus, combinée au nationalisme qui se développe dans les années 1890-1900. Pendant la Première Guerre mondiale, Maurice Barrès, député et académicien, participe activement au bourrage de crâne sur les combats en cours. Il exalte l'armée et l'héroïsme des poilus, y gagnant chez les pacifistes le surnom de « rossignol des carnages ».

« La République, en ne reconnaissant aucune religion, permet la liberté entre elles et en elles. »

Jean Jaurès, 1906

« Nous réprouvons et nous condamnons la loi votée en France sur la séparation de l'Église et de l'État comme profondément injurieuse vis-à-vis de Dieu, qu'elle renie officiellement, en posant en principe que la République ne reconnaît aucun culte. »

Pie X, février 1906

PERMANENCES ET MUTATIONS DE LA SOCIÉTÉ FRANÇAISE JUSQU'EN 1914

Analyse d'une citation

« Ce sont eux qui se lèvent à six heures du matin tous les jours, depuis leur plus tendre enfance, pour venir s'enfermer dans ces immenses hangars où tout est noir et rouge. »

Jules Huret, 1907

Jules Huret (1863-1915) est un journaliste qui, dans les années 1890-1900, s'intéresse à la question sociale et aux conditions de vie des ouvriers de l'industrie. Dans ce verbatim, il évoque les ouvriers du Creusot et met en avant les conditions de travail particulièrement difficiles des sidérurgistes des usines de Schneider.
Cette citation pourra être utilisée dans toute question problématisée dans laquelle le candidat devra évoquer les effets de la révolution industrielle en France et l'importance de la question ouvrière.

« Le XIXe siècle a été le grand siècle du progrès. »
« L'exposition de 1900 fut une merveille. »

Jeanne Bouvier, 1935

« On peut assurer sans crainte d'être contredit que la flânerie constitue le pire défaut de la classe ouvrière. »

Frederick W. Taylor, 1911

« Diviser et subdiviser le travail, tenir une entreprise en mouvement, tels sont les mots d'ordre de notre production. »

Henry Ford, 1930

« Je n'ai jamais séparé la République des idées de justice sociale, sans laquelle elle n'est qu'un mot. »

Jean Jaurès, 1912

« L'intervention de l'État ? Très mauvaise ! Très mauvaise ! »

Henri Schneider, 1897

Analyse d'une citation

« Être le père de vos ouvriers, voilà bien, Monsieur, la constante préoccupation de votre cœur. »

J-A. Burdy, septembre 1894

Burdy est, dans les années 1890, conseiller municipal au Creusot, dont le maire n'est autre qu'Henri Schneider, le « maître des forges » local qui dirige les usines sidérurgiques fondées et développées par son père Eugène en 1836. La famille Schneider est une véritable dynastie patronale et influence jusque dans les années 1930 (si ce n'est au-delà) la vie politique locale. Burdy prononce cette phrase lors de l'inauguration de l'Hôtel-Dieu du Creusot, financé par la famille Schneider pour accueillir les ouvriers malades et âgés. Le discours est adressé au maire. Elle illustre parfaitement le paternalisme des Schneider au Creusot. Ces derniers prennent en charge un grand nombre d'aspects de la vie du quotidien de la main-d'œuvre comme le logement, la santé, l'éducation. Cela leur permet de contrôler les ouvriers.

« Les maisons sont noires, comme frottées de suie, les pavés sont noirs, les vitres poudrées de charbon. »

Guy de Maupassant, 1884,
(description de la ville du Creusot)

MÉTROPOLE ET COLONIES

« Il y a pour les races supérieures un droit, parce qu'il y a un devoir pour elles. Elles ont le devoir de civiliser les races inférieures. »

Jules Ferry, juillet 1885

« Peu nous importe combien de marchandises françaises circulent sur le Nil, pourvu que les Français reconnaissent que ce fleuve coule entre deux rives sur lesquelles notre drapeau est fermement planté. »

Winston Churchill, décembre 1898

Analyse d'une citation

« Saigon, "Paris de l'Extrême-Orient" ressemble assez comme aspect général au beau parc de Neuilly. »

Fred Abaly, 1910

Fred Abaly est un soldat d'infanterie de marine qui a participé à la conquête du Tonkin dans les années 1880. Il publie ses souvenirs de « marsouin » en 1910. Il s'y livre notamment à une description de Saigon, la ville la plus importante d'Indochine française, que les Français ont conquis en 1859. Dans les années 1890-1900, la colonisation a donné au centre de la ville un aspect européen (voies de communication, bâtiments publics, immeubles…) qui se combine avec la ville traditionnelle. Saigon apparaît ainsi comme un Paris d'Extrême Orient. La citation pourra être utilisée dans tout devoir dans lequel le candidat aura à traiter une question problématisée sur les effets de la colonisation dans les territoires colonisés et les caractéristiques de la domination coloniale française.

« En Algérie, il n'y a qu'une petite élite de Français qui classe dans l'humanité la race arabe. »

Hubertine Auclair, 1900

« Que fais-je depuis un an ? Des routes, des ponts, des rizières, des marchés, des écoles. »

Hubert Lyautey, 1898

Programme d

THÈME

4

La Première Guerre mondiale : le « suicide de l'Europe » et la fin des empires européens

UN EMBRASEMENT MONDIAL ET SES GRANDES ÉTAPES

« Le capitalisme porte en lui la guerre comme la nuée porte l'orage. »

Jean Jaurès, 1895

Analyse d'une citation

« À cette heure, il n'y a plus de partis : il y a la France éternelle. »

Raymond Poincaré, 4 août 1914

Raymond Poincaré est président de la République en 1914. Cette citation est extraite de sa déclaration transmise à la Chambre des députés et au Sénat le 2 août 1914, la veille de la déclaration de guerre de l'Allemagne à la France. Cette déclaration préfigure « l'Union sacrée » qui se met en place alors même que le leader socialiste pacifiste Jean Jaurès a été assassiné le 31 juillet, et que les partis et organisations de gauche (socialistes et syndicalistes) se rallient à la guerre par patriotisme. Le 4 août, aux obsèques de Jaurès, Léon Jouhaux, le secrétaire général de la Confédération générale du travail (CGT) – le principal syndicat ouvrier à l'époque –, déclare : « Jaurès a été notre réconfort

dans notre action passionnée pour la paix ; ce n'est pas sa faute si la paix n'a pas triomphé. »
Ces deux citations – celle de Poincaré, comme celle de Jouhaux – illustrent parfaitement cette notion d'Union sacrée qui désigne le ralliement des différents courants d'opinion à la mobilisation patriotique et à la guerre en août 1914.

Analyse d'une citation

« Les hommes, pour la plupart, n'étaient pas gais ; ils étaient résolus, ce qui vaut mieux. »

Marc Bloch, s. d

Marc Bloch (1886-1944) est connu comme un des plus grands historiens français du siècle dernier. Ses travaux ont profondément marqué l'historiographie contemporaine. Il est mobilisé dès août 1914 et fait toute la Grande Guerre dans l'infanterie.
Cette citation est extraite de ses souvenirs de guerre, publiés en 1969 de manière posthume. Marc Bloch a en effet été fusillé par les Allemands à Lyon, en 1944, alors qu'il était entré en résistance durant l'Occupation. Il évoque ici l'atmosphère de Paris au moment de la mobilisation et du départ des conscrits en août 1914.
Une citation utile dans les copies qui voudraient nuancer l'ivresse patriotique des départs « la fleur au fusil », encore si souvent évoqués quand sont abordés les premiers jours de la Première Guerre mondiale…

Analyse d'une citation

« Le soleil se lève, la nuit arrive, les obus sifflent ; pour chaque mètre il y a un mort. »

Erich Maria Remarque, 1928

Erich Maria Remarque (1898-1970) est un écrivain allemand, ancien combattant de la Grande Guerre qui publie en 1928 un roman à tonalité pacifiste s'inspirant largement de son expérience combattante, *À l'Ouest, rien de nouveau*. Le livre connaît un succès mondial. Cette citation évoque l'horreur de la vie dans les tranchées durant la phase de la guerre de position, de la fin de 1914 au printemps 1918. Elle pourra être utilisée dans tout devoir où le candidat aura, dans une question problématisée, à évoquer l'enfer des tranchées.

« Ce n'est que parmi les hasards que chaque soldat survit. Et chaque soldat a foi et confiance dans le hasard. »

Erich Maria Remarque, 1928

Analyse d'une citation

« La neutralité n'est plus possible ni désirable quand il y va de la paix du monde et de la liberté des peuples. »

Woodrow Wilson, avril 1917

Woodrow Wilson (1856-1924) est président des États-Unis de 1913 à 1921. Cette citation est extraite d'un message au Congrès du 2 avril 1917. Par cette déclaration Wilson met fin à l'isolationnisme américain. Deux jours plus tard, l'entrée en guerre des États-Unis contre l'Allemagne est votée par le Congrès. La position de Wilson par rapport au conflit a lentement évolué depuis 1914. D'abord partisan de la neutralité des États-Unis, sa position évolue lentement à partir de 1915, en partie du fait du déclenchement de la guerre sous-marine par l'Allemagne, qui touche des bateaux de commerce et des navires de transport américains.

Wilson est clair sur les motivations de l'entrée en guerre des États-Unis : la paix et la liberté des peuples. Il y ajoute également la défense des idéaux démocratiques. Cette citation sera adaptée à une copie qui aurait à évoquer les différentes phases de la guerre.

LES SOCIÉTÉS EN GUERRE : DES CIVILS ACTEURS ET VICTIMES DE LA GUERRE

« Il a fallu, sans doute, beaucoup de science pour tuer tant d'hommes, dissiper tant de biens, anéantir tant de villes en si peu de temps. »

Paul Valéry, 1919.

SORTIR DE LA GRANDE GUERRE

« Jamais n'a été infligé à un peuple, avec plus de brutalité, une paix aussi accablante et aussi ignominieuse. »

Bernhard von Bülow, 1931.

Bülow (1849-1929) est Ministre des Affaires étrangères et chancelier du Reich allemand avant 1914. Il est ambassadeur d'Allemagne à Rome durant la Grande Guerre. Cette citation est extraite de ses mémoires parues après sa mort, en 1931. Il évoque ici le Traité de Versailles, signé en juin 1919 qui fixe les conditions de paix entre l'Allemagne vaincue et les Alliés. Les qualificatifs qu'il emploie pour désigner le traité sont les mêmes que ceux que l'on trouve au sein d'une large partie de l'opinion publique en Allemagne qui rejoignent l'idée d'une "paix dictée", une paix imposée par les vainqueurs. Cette vision du Traité de Versailles entretient en Allemagne des frustrations nationalistes qui s'affirmeront avec force lors de la crise des années trente et ne seront pas pour rien dans l'accession des nazis au pouvoir en 1933.
La citation sera utile pour tout devoir dans lequel le candidat devra évoquer la difficile construction de la paix au lendemain de la Première Guerre mondiale.

« Le traité ne comprend nulle disposition en vue de la restauration économique de l'Europe. »

John Maynard Keynes, 1919.

Programme d

THÈME

1

Fragilité des démocraties, totalitarismes et Seconde Guerre mondiale (1929-1945)

L'IMPACT DE LA CRISE DE 1929 : DÉSÉQUILIBRES ÉCONOMIQUES ET SOCIAUX

Analyse d'une citation

« Un coup de tonnerre. Tout le monde était sous le choc. »

Sidney J. Weinberg, sans date

Sydney J. Weinberg (1891-1969) est un banquier américain employé par la firme Goldman Sachs en 1929, qui réussit ensuite à gravir tous les échelons pour devenir l'un des principaux associés de cette banque d'investissement. À sa mort, le *New York Times* le gratifie du surnom de « Monsieur Wall Street ». Dans cette citation, Weinberg porte une appréciation sur le krach boursier de Wall Street du 24 octobre 1929, le détonateur de la crise financière puis économique qui touche l'ensemble des pays capitalistes dans les années 1930. Elle montre bien la brutalité et l'ampleur de l'effondrement du cours des actions à la Bourse de New York (Wall Street), qui ont été perçues par les contemporains. Elle pourra être utilisée pour toute réponse à une question dans laquelle le candidat aurait à évoquer les causes de la crise.

« C'était la panique sur toute la ligne. »

Paul Claudel, 6 novembre 1929

Analyse d'une citation

« Jamais dans l'histoire de l'humanité on n'a vu de chose pareille ! »

Eugène Varga, 1935

Économiste hongrois émigré en Union soviétique après l'échec de la République des conseils en Hongrie en 1919 (tentative d'instauration d'un gouvernement révolutionnaire socialiste au lendemain de la défaite austro-hongroise), Eugène Varga (1879-1964) a été l'un des principaux économistes conseiller du gouvernement soviétique de 1920 à la fin des années 1930, réussissant à passer entre les mailles de la répression stalinienne. En 1935, il publie une analyse marxiste de la crise des années 1930 dans plusieurs langues.

La citation évoque bien l'ampleur prise par la crise économique, tant du point de vue des espaces touchés (l'ensemble du monde capitaliste) que par ses effets (l'effondrement des prix des matières premières poussant par exemple à brûler le café dans les chaudières des locomotives au Brésil et le développement de la misère et du chômage).

Elle pourra être utilisée dans le cadre d'une réponse à une question problématisée sur la diffusion rapide de la crise à partir des États-Unis et l'ampleur du chômage dans les pays touchés.

« La reprise est au coin de la rue. »

Herbert Hoover, 1930

Analyse d'une citation

« Je vous promets, je m'y engage, une nouvelle donne pour le peuple américain. »

Franklin Delano Roosevelt, 2 juillet 1932

Franklin Delano Roosevelt (1882-1945) est, en 1932, le candidat du Parti démocrate aux élections présidentielles prévues en novembre. Lors d'un discours devant la convention démocrate de Chicago le 2 juillet, il expose sa volonté d'appliquer, s'il est élu, un programme politique de lutte contre la crise économique qui marque une rupture avec les politiques déflationnistes libérales menées jusqu'ici, notamment par son prédécesseur Hoover. Ce programme, mis en œuvre à partir de janvier 1933, après son élection, porte le nom de New Deal (« nouvelle donne »). Il se caractérise par une intervention de l'État dans l'économie avec des investissements publics conséquents pour permettre une reprise de l'activité et réduire le chômage. Si, en 1937, le succès de Roosevelt n'est pas total, le New Deal permet néanmoins sa réélection pour un second mandat. C'est bien l'entrée en guerre des États-Unis qui permet d'écarter définitivement le spectre de la crise économique, ce qui apparaît comme lourd de conséquences du point de vue historique et politique… Cette citation sera utile dans tous les devoirs dans lesquels on serait amené à évoquer l'impact de la crise de 1929 et les politiques de lutte contre la crise économique.

« Notre première tâche, la plus importante, est de remettre les gens au travail. »

Franklin Delano Roosevelt, 4 mars 1933

« Les progrès que nous avons faits pour sortir de la dépression sont évidents. »

Franklin Delano Roosevelt, 20 janvier 1937

« L'éducation, résolument orientée vers la paix, doit être au cœur de notre action. »

Léon Blum, juin 1936

LES RÉGIMES TOTALITAIRES

Analyse d'une citation

« Il n'y a plus rien à démontrer à ce Congrès, ni je crois, personne à battre. Tout le monde se rend compte que la ligne du Parti a triomphé... »

Joseph Staline, janvier 1934

En 1934, Joseph Staline (1878-1953) est parvenu à s'imposer à la tête du Parti communiste de l'Union soviétique depuis la mort de Lénine dix ans plus tôt. Il s'est débarrassé des oppositions de Trotsky et des autres « vieux bolchéviks », compagnons de Lénine. Il s'apprête à lancer une vaste purge à l'intérieur du parti et à soumettre l'ensemble de la société soviétique au pouvoir du parti durant la Grande Terreur de 1937-1938. Cette citation est emblématique du mode de gouvernance stalinienne et du totalitarisme soviétique dans les années 1930.

Elle sera utilisée dans les devoirs pour lesquels il faudra caractériser le régime soviétique stalinien, ou le comparer aux totalitarismes d'extrême droite (le fascisme et le nazisme).

« La tâche essentielle du plan quinquennal consistait à transformer l'URSS de pays agraire et faible en un pays industriel et puissant. »

Joseph Staline, 7 janvier 1933

« Le fascisme veut l'homme actif, engagé dans l'action de toutes ses énergies : il le veut virilement conscient des difficultés et prêt à les affronter. »

Benito Mussolini, 1938

« Seule la guerre porte au maximum de tensions toutes les énergies humaines et imprime un sceau de noblesse aux peuples qui l'affrontent. »

Benito Mussolini, 1938

« Nous autres nationaux-socialistes, nous devons nous en tenir d'une façon inébranlable au but de notre politique extérieure : assurer au peuple allemand le territoire qui lui revient en ce monde. »

Adolf Hitler, 1925

« Tout ce qui, dans le monde entier, s'imprime contre l'Allemagne est écrit par des Juifs. »

Adolf Hitler, 1925

Analyse d'une citation

« Il faut que quelqu'un commande et il ne peut y en avoir plus qu'un : celui qui commande ordonne et les autres doivent obéir. »

Adolf Hitler, 1937

Adolf Hitler (1889-1945) a mis rapidement à bas la démocratie en Allemagne, en mettant fin à la République de Weimar et en établissant la dictature nazie entre le 30 janvier 1933, moment où il accède au poste de Chancelier, et l'été de la même année. Le contexte de crise économique que connaît le pays est l'un des facteurs qui lui permettent d'agir aussi rapidement. Cette citation (au même titre que les précédentes) est très claire pour caractériser le régime nazi, en particulier le *Führerprinzip* (la soumission au chef dans ce type de régime).

Cette citation sera utilisée avec profit dans les questions problématisées où l'on sera amené à évoquer les caractéristiques du régime nazi en Allemagne.

« Il n'y a que la violence qui puisse apporter une solution au problème allemand. »

Adolf Hitler, 1938

« Le principe politique national-socialiste de totalité ne souffre la formation d'aucune volonté politique en dehors de notre volonté politique. »

Werner Best, avril 1936

Analyse d'une citation

« Ces hommes sont arrivés dans notre pays comme des croisés de la liberté. »

Dolorès Ibarruri, novembre 1938

Dolorès Ibarruri (1895-1989) est une communiste espagnole très active dans la défense de la république espagnole, face au coup d'État militaire franquiste plongeant le pays dans la guerre civile de juillet 1936 à avril 1939 et s'achevant par la victoire de Franco. Elle est à l'origine du slogan « *¡ No pasarán !* », qui a galvanisé les troupes républicaines dans la défense de Madrid à l'été 1936, repoussant les rebelles nationalistes. En novembre 1938, une cérémonie est organisée par le gouvernement espagnol à Barcelone pour rendre hommage aux volontaires étrangers formant les Brigades internationales venus combattre le fascisme et défendre la démocratie.

La citation est extraite du discours prononcé à cette occasion par celle qui était surnommée la *Pasionaria* (fleur de la passion). Elle est intéressante dans la mesure où l'association des combattants des Brigades internationales à des « croisés de la liberté » fait aussi écho à l'histoire de l'Espagne. Indirectement, on pourrait y voir une mise en parallèle avec la *Reconquista* de l'époque médiévale, lorsque les royaumes chrétiens de la péninsule ibérique reprirent progressivement le contrôle de la péninsule au détriment des musulmans.

Elle pourra être utilisée dans les devoirs où l'on aurait à évoquer les interventions étrangères dans la guerre d'Espagne, en lien avec la géopolitique des régimes totalitaires dans les années 1930.

« La Guerre d'Espagne est la bataille de la réaction contre le peuple, contre la liberté. »

Pablo Picasso, mai 1937

« Aujourd'hui, les tranchées de la liberté sont devant Madrid et Barcelone. »

Pierre Cot, 20 janvier 1939

Analyse d'une citation

« Si nous avions à nous battre, ce devrait être pour des choses plus importantes. »

Neville Chamberlain, 27 septembre 1938

Neville Chamberlain (1869-1940) est le Premier ministre britannique au moment des accords de Munich (octobre 1940), qui voient les démocraties occidentales (France et Grande-Bretagne) céder devant les exigences hitlériennes concernant la région des Sudètes (peuplée d'Allemands) en Tchécoslovaquie. Ces propos sont prononcés quelque temps avant que Chamberlain s'envole pour Munich afin d'y retrouver Édouard Daladier, le chef du gouvernement français, pour y rencontrer Adolf Hitler. On ne peut que constater que le Premier ministre britannique n'avait pas l'intention de résister aux exigences hitlériennes. La citation est bien représentative de ce qu'on a dès lors appelé « l'esprit de Munich ». Chamberlain considérait finalement que le sort de la Tchécoslovaquie n'était pas une chose importante…

Elle pourra être utilisée dans les devoirs où le sujet portera à évoquer la marche à la guerre et la manière dont le régime nazi est revenu systématiquement, à partir de 1935, sur toutes les dispositions du traité de Versailles.

LA SECONDE GUERRE MONDIALE

Analyse d'une citation

« Attendre constitue une part essentielle de la guerre. »

Eugene B. Sledge, 1981

Eugene Bondurant Sledge (1923-2001) est un soldat américain qui a combattu sur le front du Pacifique dans le corps des Marines, en 1944 et 1945. Ses mémoires, publiées en 1981, relatent les combats livrés contre les Japonais, notamment à Peleliu et à Okinawa. S'il a connu la violence des combats, il est intéressant de constater dans cette citation que l'expérience combattante était faite aussi d'attente, voire d'ennui.

« Je n'ai rien à offrir que du sang, de la sueur et des larmes. »

Winson Churchill, 13 mai 1940

« C'est le cœur serré que je vous dis aujourd'hui qu'il faut cesser le combat. »

Philippe Pétain, 17 juin 1940

« J'ai été avec vous dans les jours glorieux. Chef du gouvernement, je suis et resterai avec vous dans les jours sombres. »

Philippe Pétain, 17 juin 1940

Analyse d'une citation

« Le dernier mot est-il dit ? L'espérance doit-elle disparaître ? La défaite est-elle définitive ? Non ! »

Charles de Gaulle, 18 juin 1940

Cette citation est extraite du célèbre discours prononcé le 18 juin 1940 à la BBC, la radio britannique à Londres, par le général Charles de Gaulle (1890-1970). Mieux connu en France sous le nom d'appel du 18 juin, il reflète la volonté de de Gaulle de refuser la défaite face à l'Allemagne et l'armistice signé quatre jours plus tard à Rethondes. Il est aussi une réponse au discours du maréchal Pétain, à la tête du gouvernement français, qui invite à « cesser le combat ». Ce « non » du général de Gaulle est l'acte fondateur de la Résistance française. De Gaulle fonde la France Libre, qui gagne progressivement en importance dans les années qui suivent avec le ralliement progressif d'une grande partie de l'Empire colonial. Parallèlement, des réseaux de résistance intérieure se développent dans la France occupée qui, à partir de 1943, sont unifiés sous l'autorité de la France Libre.

La citation sera utile dans tout devoir où on serait amené à évoquer la défaite de la France en juin 1940 et ses conséquences.

« Quoi qu'il arrive, la flamme de la résistance française ne doit pas s'éteindre et ne s'éteindra pas. »

Charles de Gaulle, 18 juin 1940

« C'est dans l'honneur et pour maintenir l'unité française dans le cadre d'une activité constructive du nouvel ordre européen que j'entre aujourd'hui dans la voie de la collaboration. »

Philippe Pétain, 30 octobre 1940

« La collaboration de Messieurs les Français, je la vois seulement de la façon suivante : qu'ils livrent tout ce qu'ils peuvent jusqu'à ce qu'ils n'en puissent plus. »

Hermann Göring, 6 août 1942

« Cette politique est la mienne, c'est moi seul que l'histoire jugera. »

Philippe Pétain, 30 octobre 1940

« Malgré cette défaite, il y a toujours des troupes françaises, des navires de guerre et des navires marchands français, des escadrilles françaises, qui continuent le combat. »

Charles de Gaulle, 24 décembre 1941

Analyse d'une citation

« Ils font partie du genre humain : ils sont nos frères comme tant d'autres. Un chrétien ne peut l'oublier. »

Cardinal Jules Saliège, 20 août 1942

Jules Saliège (1870-1956) est l'archevêque de Toulouse sous l'Occupation. Le 20 août 1942, il écrit une lettre pastorale lue le dimanche suivant dans l'ensemble des églises de son diocèse. Dans ce texte magnifique dont est extraite la citation, il condamne avec force les persécutions des Juifs en cours à l'été 1942 (rafle du Vél d'Hiv en région parisienne, livraison aux nazis de Juifs arrêtés en zone dite « libre » ou détenus dans les camps d'internement administrés par Vichy). Cette condamnation publique des persécutions antisémites orchestrées par le gouvernement de Pétain et l'occupant démontre qu'une partie de la hiérarchie catholique s'engage dans une lutte contre ces persécutions, incitant ainsi des fidèles à prendre des initiatives pour sauver des personnes persécutées.

La citation pourra être utilisée dans le cadre d'un devoir ayant pour sujet le régime de Vichy et la Résistance ou la Shoah.

« Le peuple allemand et tous les autres peuples vivront en paix et en fraternité après la guerre qui ne durera plus longtemps. »

Missak Manouchian, 21 février 1944

Analyse d'une citation

« Je vous demande beaucoup de courage, comme j'en ai moi-même, ma main ne tremble pas, je sais pourquoi je meurs et j'en suis très fier. »

Celestino Alfonso, 21 février 1944

Les parents de Celestino Alfonso (1916-1944) s'installent en France, venant d'Italie, en 1927. Volontaire dans les Brigades internationales en Espagne, il entre en résistance sous l'Occupation et fait partie des groupes de FTP-MOI (Franc-tireurs et partisans – main-d'œuvre immigrée) de la région parisienne dirigés par Missak Manouchian (voir citation précédente), un Arménien rescapé du génocide de 1915. Ces groupes, dépendant du Parti communiste, organisent de nombreux sabotages et opérations de lutte armée contre l'armée allemande. Celestino Alfonso est arrêté en octobre 1943 par la police de Vichy au service de l'occupant, et fusillé par les Allemands au mont Valérien le 21 février 1944, comme les 23 autres membres du « groupe Manouchian » arrêtés et condamnés en même temps que lui. Au moment de l'exécution, les autorités allemandes publièrent une affiche de propagande, connue sous le nom d'Affiche rouge. Cette entreprise cherchait à présenter ces résistants comme de lâches criminels et reste un bon exemple de l'usage de l'antisémitisme par les nazis à des fins de propagande.
La citation est extraite de la dernière lettre écrite par Celestino Alfonso quelques instants avant d'être fusillé. Elle s'adresse à sa femme et son fils. On y sent la détermination et le courage d'un homme engagé pour

une cause qu'il sait juste, celle de la liberté et de l'anti-fascisme (comme dans celle de Missak Manouchian, où la certitude de la victoire et de la fraternité des peuples est clairement affirmée).

La citation sera utile dans tout devoir où on serait amené à évoquer la France dans la guerre, et notamment la Résistance.

Analyse d'une citation

« Il faut que le système judéo-bolchévique soit extirpé une fois pour toutes. »

Erich Von Manstein, 20 novembre 1941

Erich Von Manstein (1887-1973) est un officier supérieur de la Wehrmacht (armée allemande) placé à la tête de la 11e armée, qui opère en Ukraine quelques mois après le déclenchement de l'opération Barbarossa contre l'Union soviétique, en juin 1941. La citation est extraite d'un ensemble d'instructions délivrées par Manstein aux soldats allemands qui combattent l'Armée rouge. Ils sont le reflet du fait que la guerre menée sur le front de l'Est revêt un caractère idéologique profond. L'objectif pour l'Allemagne est, selon les vœux d'Hitler, d'étendre « l'espace vital » et de « détruire le judéo-bolchévisme », provoquant ainsi sur le front de l'Est des combats d'une sauvagerie et d'une brutalité inouïes s'accompagnant d'horribles massacres de populations dans les territoires occupés par l'armée allemande. Cette dernière réserve aussi un traitement inhumain aux prisonniers de guerre soviétiques. Ces derniers furent plus de 3 600 000 à mourir, soit 6 prisonniers sur 10 ! Les historiens parlent à ce sujet de « guerre d'anéantissement », que les propos de Manstein reflètent bien.

Ces derniers pourront être utilisés dans les devoirs où l'élève aura à traiter d'un sujet portant sur les crimes de guerre, les violences de masse durant la Seconde Guerre mondiale, en particulier celle commise sur le front de l'Est.

« La lutte contre les partisans doit être sans merci. »

Wilhelm Keitel, 1943

« Les commandants de compagnie, de bataillon, de régiments, de divisions et les commissaires qui reculent sans ordres de leurs supérieurs sont des traîtres à la Mère Patrie. »

Joseph Staline, 28 juillet 1942

Analyse d'une citation

« Nous nous battons pour notre liberté et pour la vôtre ; pour notre honneur et pour le vôtre ; pour notre dignité humaine, sociale, nationale, et pour la vôtre ! »

Tract anonyme, 23 avril 1943

Cette citation est extraite d'un tract produit au moment de l'insurrection du ghetto de Varsovie par l'Organisation juive de combat (OJC). En janvier 1943, 50 000 Juifs du Ghetto de Varsovie, en Pologne occupée, ont échappé aux terribles rafles orchestrées par les nazis à partir de l'été 1942 qui ont emporté près de 310 000 personnes vers les chambres à gaz de l'usine de mort de Treblinka. Un millier d'entre eux lance une révolte contre les forces SS qui cherchent à liquider le ghetto. Leur combat est héroïque, même s'il est perdu d'avance. La résistance dure plusieurs mois, jusqu'au début de mai 1943, menée par l'OJC, qui regroupe les diverses tendances politiques du ghetto. En mai 1943, toute résistance a cessé et les derniers Juifs de Varsovie ont pour la plupart été tués.

La citation est intéressante dans la mesure où les auteurs membres de l'OJC savent qu'ils ne peuvent pas vaincre, mais ce n'est pas pour autant qu'ils renoncent à la lutte. Ils cherchent même à faire connaître les motivations de leur combat aux Polonais à l'extérieur du ghetto et au-delà au reste du monde.

Cette citation pourra être utilisée dans un devoir sur la Shoah ou sur les violences et crimes de masse.

Analyse d'une citation

« Le produit numéro un du travail à Auschwitz était la mort. »

Rudolf Vrba, 1985

Cette citation est extraite du témoignage de Rudiolf Vrba (1924-2006), un Juif de Slovaquie, dans le film de Claude Lanzmann, *Shoah*. Vrba est l'un des rares détenus d'Auschwitz à avoir réussi à s'échapper du camp d'Auschwitz-Birkenau, principal centre d'extermination des Juifs d'Europe par les nazis. Ce camp est aujourd'hui le symbole de l'inhumanité nazie, en même temps que le symbole de l'extermination de masse selon une logique industrielle.

La citation illustre parfaitement cette idée. Elle pourra être utilisée avec profit dans les devoirs sur la Shoah, ou sur les violences et crimes de masse durant la Seconde Guerre mondiale.

« Le chemin le plus court vers Berlin passe par la Biélorussie. »

Alexandre Vassilievski, avril 1944

« Les yeux du monde sont fixés sur vous. »

Dwight D. Eisenhower, 6 juin 1944

Analyse d'une citation

« Il y a deux sortes d'individus sur cette plage : les morts et ceux qui vont mourir, alors foutons le camp d'ici en vitesse ! »

Georges Arthur Taylor, 6 juin 1944

Georges Taylor (1899-1969) est colonel dans l'armée américaine. Le 6 juin 1944 au matin, il fait partie avec ses hommes de la deuxième vague qui débarque sur Omaha Beach. Ces propos, prononcés alors que les combats font rage sur la plage et que les troupes américaines sont clouées sur place dans leur progression, sont destinés à galvaniser les soldats. En fin de journée, la tête de pont était établie sur Omaha. Le bilan est lourd pour l'armée américaine : Omaha Beach cumule 30 % du total des pertes alliées de la journée, soit plus de 4 700 tués, blessés et disparus.
La citation pourra être utilisée dans des devoirs où le sujet abordera les théâtres d'opérations de la Seconde Guerre mondiale et où l'on aura à évoquer le débarquement de Normandie et l'opération Bagration (voir plus haut la citation du général soviétique Vassilievski qui coordonna cette opération à l'été 1944 sur le front de l'Est).

« La bataille suprême est engagée ! »

Charles de Gaulle, 6 juin 1944

« Paris ! Paris outragé ! Paris brisé ! Paris martyrisé ! Mais Paris libéré ! »

Charles de Gaulle, 25 août 1944

Analyse d'une citation

« La civilisation mécanique vient de parvenir à son dernier degré de sauvagerie. »

Albert Camus, 8 août 1945

Albert Camus (1913-1960) est journaliste à Combat, un journal issu de la résistance en 1945. La citation est extraite d'un éditorial écrit par l'homme de lettres au lendemain du lancement de la bombe atomique sur Hiroshima, au Japon, par l'armée américaine. Si, dans sa grande majorité, la presse analyse l'événement comme pouvant hâter la défaite du Japon, reprenant ainsi la justification du président Harry Truman, Camus, lui, s'inquiète de l'utilisation de cette arme terrifiante qui fait entrer l'humanité dans une nouvelle ère des relations internationales. Il accueille avec de grandes réserves la nouvelle, et rappelle que le combat pour la paix est le seul qui vaille d'être mené.
La citation sera utilisée avec profit dans les devoirs où l'on demandera au candidat de mettre en valeur les différentes phases de la Seconde Guerre mondiale et les différents théâtres d'opérations.

« Si nous continuions la lutte, cela entraînerait non seulement l'effondrement et l'anéantissement de la nation japonaise, mais encore l'extinction complète de la civilisation humaine. »

Hirohito, 15 août 1945

Programme c

THÈME

2

La multiplication des acteurs internationaux dans un mode bipolaire (1945-1970)

LA FIN DE LA SECONDE GUERRE MONDIALE ET LES DÉBUTS D'UN NOUVEL ORDRE MONDIAL

Analyse d'une citation

« La marée en se retirant découvre donc le corps bouleversé de la France. »

Charles de Gaulle, 1959

Cette citation est extraite du troisième tome des *Mémoires de guerre* de Charles de Gaulle, paru en 1959. Il évoque ici de manière imagée, presque poétique, l'état de la France à la Libération. La « marée » fait référence à l'occupation allemande et aux combats de la Libération menés à partir de l'été 1944 par les Alliés et les forces de la résistance intérieure ; le « corps bouleversé » évoque les destructions matérielles et la ruine économique dans laquelle se trouve le pays.
On pourra utiliser avec profit cette citation dans une question problématisée sur le bilan humain, matériel et moral du conflit.

« Le relèvement de la France n'est pas la tâche d'un seul parti, non plus que de quelques hommes d'État. C'est la tâche de millions de Français et de Françaises, c'est la tâche de la Nation tout entière. »

Maurice Thorez, 23 janvier 1945

« La nécessité la plus visible dans laquelle se trouve la France est d'effectuer une œuvre de reconstruction plus lourde encore qu'après l'autre guerre. »

Jean Monnet, novembre 1946

« [En 1945] le président Truman était convaincu que la mission de guide revenait au peuple américain. »

Charles de Gaulle, 1959

Analyse d'une citation

« Ce qui donne à cette audience une telle importance, c'est que ces accusés représentent des influences néfastes, qui longtemps après que leurs corps seront tombés en poussière, alarmeront toujours le monde. »

Robert H. Jackson, 21 novembre 1945

Robert Jackson (1892-1954) est un juriste américain, procureur en chef pour les États-Unis au procès de Nuremberg. La citation est extraite de l'acte d'accusation lu par Jackson le premier jour d'audience du procès. Elle montre toute l'importance qui est donnée par les Alliés vainqueurs de l'Allemagne nazie au nécessaire châtiment des responsables de la tragédie qui vient de s'achever. Sont jugés à Nuremberg, entre novembre 1945 et octobre 1946, plus d'une vingtaine de hauts responsables du régime nazi. Le procès est l'occasion de forger une nouvelle notion juridique : celle de « crime contre l'humanité » – seul crime en droit international ayant une valeur imprescriptible. La déclaration de Jackson vise à mettre en valeur l'importance des crimes commis par les nazis et le fait que leur mémoire et leur souvenir marqueront longtemps l'humanité.
Elle pourra être utilisée dans les devoirs ayant pour sujet la mise en place des bases d'un nouvel ordre international.

« Le peuple allemand commence à payer pour les crimes des bandits qu'il avait placés au pouvoir et qu'il approuvait de tout cœur et soutenait docilement. »

Harry Truman, 9 août 1945

« De Stettin sur la Baltique jusqu'à Trieste sur l'Adriatique, un rideau de fer est descendu à travers le continent. »

Winston Churchill, 5 mars 1946

Analyse d'une citation

« Chaque nation se trouve désormais en face d'un choix à faire entre deux modes de vie opposés. »

Harry Truman, 12 mars 1947

Harry Truman (1884-1972) est le successeur de Roosevelt à la présidence des États-Unis après le décès de ce dernier en avril 1945. En mars 1947, il expose dans un discours au Congrès la doctrine de l'endiguement (*containment*), qui marque le premier acte de la série d'événements qui conduisent jusqu'en octobre 1947 à la rupture entre États-Unis et Union soviétique (plan Marshall, doctrine Jdanov et création du Kominform). C'est le début de la guerre froide marqué dans un premier temps par la formation des blocs, reflet comme le dit Truman de deux modes de vie opposés. La citation pourra, comme les deux suivantes, être utilisée dans les devoirs sur les nouvelles tensions au lendemain de la Seconde Guerre mondiale.

« Je crois que nous devons aider les peuples libres à déterminer eux-mêmes leur destin. »

Harry Truman, 12 mars 1947

« Plus nous nous éloignons de la fin de la guerre, et plus nettement apparaissent les deux principales directions de la politique internationale de l'après-guerre, correspondant à la disposition en deux camps des forces politiques qui opèrent sur l'arène mondiale. »

Andreï Jdanov, 22 septembre 1947

UNE NOUVELLE DONNE GÉOPOLITIQUE : BIPOLARISATION ET ÉMERGENCE DU TIERS-MONDE

Analyse d'une citation

« Si une attaque atomique devait être lancée contre les États-Unis, notre réaction serait rapide et déterminée. »

Dwight D. Eisenhower, 8 décembre 1953

Dwight D. Eisenhower (1890-1969), ancien commandant en chef des forces alliées sur le front de l'Ouest à partir du débarquement de Normandie et jusqu'à la victoire sur l'Allemagne en 1945. De 1953 à 1961, il est président des États-Unis, succédant à Harry Truman. La citation est extraite d'un discours prononcé devant l'Assemblée générale de l'ONU dans un contexte de tensions assez fortes avec le bloc de l'Est dans le cadre de la guerre froide. La guerre de Corée s'est achevée en juillet 1953, la guerre d'Indochine fait encore rage, la France s'opposant à l'indépendance d'un Viêt Nam gouverné par Hô Chi Minh et les indépendantistes communistes. Eisenhower fait allusion à l'éventualité d'une attaque atomique, car l'Union soviétique s'est dotée de la bombe atomique en 1949, entraînant une course aux armements qui donna naissance à une stratégie militaire propre à la guerre froide : « l'équilibre de la terreur ». États-Unis comme Union soviétique possédant l'arme nucléaire, ils savaient que son utilisation les détruirait tous deux. L'arme atomique est devenue un élément déterminant dans les relations internationales.

« J'adresse un appel à Monsieur Khrouchtchev pour lui demander de mettre fin à cette menace sournoise, téméraire et intolérable pour la paix du monde. »

John Fitzgerald Kennedy, 22 octobre 1962

« Vous menacez de nous déclarer la guerre. Mais vous savez bien que notre riposte serait aussi destructrice que votre attaque. »

Nikita Khrouchtchev, 26 octobre 1962

Analyse d'une citation

« Notre liberté éprouve beaucoup de difficultés et notre démocratie n'est pas parfaite. Cependant, nous n'avons jamais eu besoin, nous, d'ériger un mur pour empêcher notre peuple de s'enfuir. »

John Fitzgerald Kennedy, 26 juin 1963

À la fin de juin 1963, le président des États-Unis, John Fitzgerald Kennedy se rend à Berlin-Ouest, qui est une enclave occidentale sur le territoire de la République démocratique allemande (RDA, capitale Berlin-Est) alignée sur l'Union soviétique dans le cadre de la guerre froide. Depuis août 1961, les autorités de la RDA ont érigé un mur qui sépare les deux parties de Berlin afin principalement d'empêcher les citoyens de RDA de fuir le régime communiste et de se réfugier à l'Ouest via Berlin-Ouest (seul point de passage libre dans le rideau de fer entre 1948 et 1961). On estime qu'entre 1949 et 1961, 2,6 à 3,6 millions d'Allemands de l'Est ont quitté la RDA.

Dans son discours, Kennedy condamne la construction du mur de Berlin et en fait le signe éclatant de l'échec du communisme de type soviétique. Ces deux citations seront pertinentes dans tout devoir sur la guerre froide et le monde bipolaire.

« Nous n'éprouvons aucune satisfaction en voyant ce mur, car il constitue à nos yeux une offense à l'histoire mais encore une offense à l'humanité. »

John Fitzgerald Kennedy, 26 juin 1963

« Nous, membres du gouvernement de la République Démocratique du Viêt Nam, proclamons solennellement au monde entier : "le Viêt Nam a le droit d'être libre et indépendant". »

Hô Chi Minh, 2 septembre 1945

« Nous voulons un Sud Viêt Nam non communiste et indépendant. »

Robert McNamara, 16 mars 1964

Analyse d'une citation

« Nous voulons être amis avec l'Ouest, avec l'Est et avec tout le monde. »

Jawalarlal Nehru, 24 avril 1955

Jawalarlal Nehru (1889-1964) est une figure majeure de l'histoire de l'Inde contemporaine. Compagnon de route de Gandhi dans la lutte pour l'indépendance de cet ancien territoire britannique, il devient Premier ministre de l'Union indienne dès l'indépendance et cela jusqu'à son décès. En 1955, il est un acteur majeur de la conférence de Bandung, aux côtés de Soekarno, le dirigeant de l'Indonésie qui accueille la conférence, de Gamal Abdel Nasser, le dirigeant égyptien et de Zhou Enlai, le Premier ministre de la République populaire de Chine (RPC). La conférence donne naissance au Mouvement des non-alignés (dont les aspirations politiques sont clairement énoncées par les propos de Nehru). Elle peut être considérée comme l'acte de naissance du « Tiers-Monde ».

La citation pourra être utilisée dans des devoirs ayant pour sujets la décolonisation ou l'émergence de nouveaux états indépendants sur la scène internationale dans les années 1950-1960.

« La pauvreté n'est pas une honte mais c'est l'exploitation des peuples qui l'est. »

Gamal Abdel Nasser, 27 juillet 1956

« La lutte contre l'impérialisme pour rompre les liens coloniaux et néocoloniaux, qu'elle soit menée avec des armes politiques, des armes réelles ou avec les deux à la fois, n'est pas sans lien avec la lutte contre le retard et la misère. »

Ernesto Guevara, février 1965

« La Chine n'est pas une superpuissance et jamais elle ne cherchera à en être une. »

Deng Xiaoping, 10 avril 1974

LA FRANCE : UNE NOUVELLE PLACE DANS LE MONDE

« La France ne peut être la France sans la grandeur. »

Charles de Gaulle, 1954

Analyse d'une citation

« Gouverner c'est choisir, si difficiles que soient les choix. »

Pierre Mendès France, 3 juin 1953

Pierre Mendès France (1907-1982) reste une figure marquante de l'histoire politique de la France des années 1930 à la fin des années 1960. Actif dans la résistance, membre du Comité français de libération nationale à Alger en 1943, il retrouve en 1946 le siège de député de l'Eure qu'il occupait avant-guerre. De juin 1954 à février 1955, Mendès France est président du Conseil et parvient, par les accords de Genève, à mettre fin à la guerre d'Indochine après la défaite française de Diên Biên Phu.

La citation est extraite d'un discours qu'il prononce lors d'un débat à l'Assemblée nationale en juin 1953. Le député de l'Eure dresse un état des lieux des questions que doit résoudre le gouvernement : poids de la guerre coloniale en Indochine, de la reconstruction, de la modernisation du pays et de son développement social. Il somme ainsi le président du Conseil, Joseph Laniel, de faire des choix.

Analyse d'une citation

« Le rassemblement des nations européennes exige que l'opposition séculaire de la France et de l'Allemagne soit éliminée. »

Robert Schuman, 9 mai 1950

Robert Schuman (1886-1963) est resté dans l'histoire comme l'un des « pères fondateurs de l'Europe ». Il a exercé des fonctions politiques sous la IVe République, soit comme député, soit comme ministre ou président du Conseil. En 1950, dans le contexte de la guerre froide et des nouveaux rapports internationaux issus de la Seconde Guerre mondiale, Robert Schuman est persuadé que la France doit faire de la RFA (République fédérale d'Allemagne) une alliée. Plus largement, il souhaite, comme d'autres personnalités de l'époque (Jean Monnet notamment), initier un processus de construction européenne sur un modèle fédéral. Le premier pas de ce projet se concrétise le 9 mars 1950, qui annonce que la production allemande et française de charbon et d'acier est placée sous la tutelle d'une Haute-Autorité commune. Ce « plan Schuman » donne naissance à la CECA (Communauté européenne du charbon et de l'acier) en avril 1951 dont sont membres les six pays fondateurs de la Communauté économique européenne en 1957 (Traité de Rome) : la France, la RFA, l'Italie, la Belgique, les Pays-Bas et le Luxembourg.

La citation reflète parfaitement l'objectif affiché de la création de la CECA (et plus tard de la CEE…), à savoir mettre fin à l'antagonisme entre la France et l'Allemagne, qui avait en moins d'un siècle produit trois guerres meurtrières : celle de 1870, celle de 1914-1918 et celle de 1939-1945… Au-delà, le projet était important dans la géopolitique de la guerre froide. Les États-Unis soutenaient le projet (comme ils soutiendront celui de Communauté européenne de défense). Ce dernier visait à créer une armée européenne en 1952 avec les six pays membres de la CECA, mais il ne fut jamais ratifié du fait de l'hostilité d'une grande partie de l'opinion publique en France, ce qui entraîna son abandon.

L'usage de la citation sera pertinent dans un devoir où le sujet traité sera en rapport avec la IVe République entre décolonisation, guerre froide et construction européenne de 1946 à 1958.

Analyse d'une citation

« L'Algérie, c'est la France. »

François Mitterrand, 12 novembre 1954

S'il reste connu pour avoir été Président de la République entre 1981 et 1995, François Mitterrand (1916-1996) a commencé sa carrière politique sous la IVe République comme député de la Nièvre et ministre. Le 1er novembre 1954, l'insurrection du Front de libération nationale (FLN) commence en Algérie. L'objectif du mouvement est d'obtenir l'indépendance de ce territoire colonial qui, du point de vue français, constitue trois départements français. François Mitterrand est alors ministre de l'Intérieur du gouvernement dirigé par Pierre Mendès France. Il a donc en charge l'Algérie.

La citation est extraite d'un discours fait à l'Assemblée nationale le 12 novembre 1954. Elle montre la détermination du gouvernement français à lutter contre ce qui n'est perçu que comme une « œuvre de destruction » orchestrée par une minorité de « meneurs séparatistes » utilisant des méthodes terroristes. L'objectif du gouvernement est ainsi de réprimer sévèrement l'insurrection. Cette décision plonge l'Algérie dans la spirale d'une violente guerre d'indépendance qui ne dit pas son nom et qui se prolonge jusqu'en 1962, provoquant même la chute de la IVe République à l'été 1958.

Cette citation sera pertinente dans tout devoir dont le sujet sera en rapport avec la IVe République, entre décolonisation, guerre froide et construction européenne de 1946 à 1958.

Analyse d'une citation

« Partout en Algérie, la chose n'est niée par personne, ont été installés de véritables laboratoires de torture et cela est une honte pour le pays de la Révolution française et de l'Affaire Dreyfus. »

Henri-Irénée Marrou, 5 avril 1956

Henri-Irénée Marrou (1904-1977) est un historien spécialiste de l'Antiquité, professeur à la Sorbonne entre 1945 et 1975. Résistant sous l'Occupation, il dénonce la pratique de la torture pendant la guerre d'indépendance de l'Algérie (1954-1962) au nom des valeurs humanistes et démocratiques de la République. Marrou n'est pas le seul à dénoncer ces méthodes. Une partie de l'opinion publique en France, généralement chrétienne humaniste ou ayant des convictions de gauche, dénonce les méthodes de lutte contre le FLN employées par l'armée française en Algérie. À partir de 1957-1958, des témoignages de victimes sont publiés. Ainsi, *La Question* du journaliste Henri Alleg fait le récit des tortures qu'il a subies après qu'il a été arrêté pendant la bataille d'Alger. Publié en 1958, le livre est aussitôt interdit par la censure.

Cette citation sera utile pour illustrer les moyens de lutte contre le Front de libération national par l'armée française dans le cadre d'un devoir sur la guerre d'Algérie et ses mémoires.

« Des nuits entières, durant un mois, j'ai entendu crier des hommes que l'on torturait, et leurs cris résonnent toujours dans ma mémoire. »

Henri Alleg, 1958

« Je vous ai compris ! »

Charles de Gaulle, 4 juin 1958

« L'échec majeur de la IVe République, c'est la "perte de l'Empire". Pour le reste, le bilan est honorable. »

Raymond Aron, novembre 1958

« Il s'agit de transformer notre vieille France en un pays neuf et de lui faire épouser son temps. »

Charles de Gaulle, 14 juin 1960

« Il se trouve que certains pays ne sont grands que lorsqu'ils sont grands pour les autres. »

André Malraux, 18 avril 1964

« Le projet de loi que je vous soumets propose que le président de la République, votre président, sera élu par vous-mêmes. Rien n'est plus républicain. Rien n'est plus démocratique. »

Charles de Gaulle, 4 octobre1 1962

« La IVe République périt de ses propres fautes. »

Pierre Mendès France, 1er juin 1958

« Si, sous la IVe République, le gouvernement était comme dissous dans l'Assemblée, il est aujourd'hui dissous dans la personne du chef de l'État. »

Pierre Mendès France, 1962

Analyse d'une citation

« Qu'est-ce que la Vᵉ République sinon la possession du pouvoir par un seul homme ? »

François Mitterrand, 1964

En 1964, François Mitterrand, alors député de la Nièvre, publie un essai politique au titre évocateur : *Le coup d'État permanent.* Il y critique l'organisation des pouvoirs dans la Vᵉ République et surtout l'usage qu'en fait le général de Gaulle notamment, avec l'accroissement des pouvoirs attribués au Président de la République, la toute puissance du premier personnage de l'État. Pour lui, le Président de la République, ne peut pas être un arbitre, comme le préconise le texte de la Constitution de 1958. Il constate que le gouvernement et plus encore le Parlement, sont marginalisés face aux pouvoirs dont dispose le chef de l'État. La citation illustre cette idée d'une personnalisation du pouvoir induite par la Constitution de 1958. Elle pourra être utilisée pour mettre en évidence les caractéristiques principales de cette dernière dans un devoir sur les débuts de la Vᵉ République. François Mitterrand, une fois élu Président de la République en 1981, se coulera parfaitement dans le moule constitutionnel de la Vᵉ République qu'il critiquait fortement un peu moins de vingt ans auparavant.

« En refusant constamment, et depuis dix ans, de discuter aussi bien avec les représentants des ouvriers, des étudiants, des paysans qu'avec les élus du peuple, et en se réservant (et avec quel mépris de l'opinion), le monopole de toutes les décisions, le pouvoir a créé une situation révolutionnaire. »

Pierre Mendès France, 19 mai 1968

Programme d

THÈME 3

Les remises en cause économiques, politiques et sociales des années 1970 à 1991

LA MODIFICATION DES GRANDS ÉQUILIBRES ÉCONOMIQUES ET POLITIQUES MONDIAUX

« Pour la première fois dans l'histoire de notre pays, il se trouve, dans notre peuple, une majorité pour croire que les cinq prochaines années seront pires que les cinq qui viennent de s'écouler. »

Jimmy Carter, 15 juillet 1979

Analyse d'une citation

« La crise que nous traversons n'est pas un phénomène mondial ; c'est l'Europe qui ne s'est pas remise des événements de 1974. »

Jean Bouvier, 9 janvier 1979

Jean Bouvier (1920-1987) est un historien français très influencé par le marxisme. La citation est extraite d'un article qu'il publie dans le quotidien *Le Monde* en janvier 1979. Dans ce texte, il analyse les raisons du ralentissement de l'activité économique du fait de la crise liée aux chocs pétroliers. Il affirme que c'est l'Europe industrielle qui est la plus touchée par le ralentissement de la croissance, l'inflation et surtout le chômage qui devient de plus en plus massif. Il constate que d'autres espaces, qu'il appelle les « pays jeunes »

(Amérique, Canada, Japon, pays nouvellement industrialisés), connaissent un certain dynamisme du fait notamment d'une mise en concurrence des espaces de production alors que la mondialisation se développe, bientôt accentuée au cours des années 1980 par la dérégulation et la libéralisation.
La citation pourra être utilisée dans les devoirs dont le sujet porte sur la crise économique occidentale et la nouvelle donne économique internationale dans les années 1970-1980.

« La leçon de l'histoire économique de l'Europe des années 1970 et 1980 est que la planification centrale ne marche pas, contrairement à l'effort et à l'initiative personnels. »

Margaret Thatcher, 20 septembre 1988

Analyse d'une citation

« Dans la crise actuelle, le gouvernement n'est pas la solution à nos problèmes ; le gouvernement est le problème. »

Ronald Reagan, 20 janvier 1980

Cette citation de Ronald Reagan (1911-2004) est extraite de son discours d'investiture à la présidence des États-Unis après qu'il a remporté l'élection présidentielle en 1980. C'est sous ses deux mandats successifs que sont mises en œuvre des réformes économiques néolibérales visant à la limitation de l'intervention de l'État dans l'économie et au contrôle des dépenses publiques en baissant les impôts sur les activités des entreprises. La politique reaganienne, c'est un peu une revanche sur le *New Deal* des années 1930. Elle marque un tournant dans les années 1980. L'affirmation selon laquelle le gouvernement est le problème montre bien comment Reagan entend rompre avec les mesures d'État-providence mises en place dans les années 1930 et au lendemain de la Seconde Guerre mondiale.

La citation sera reprise dans les devoirs demandant de traiter de la libéralisation et de la dérégulation des années 1980, ou de Ronald Reagan comme acteur majeur d'un nouveau capitalisme.

« Nous voici encore une fois à un tournant de l'histoire de la Chine. »

Deng Xiaoping, 1979

« Bien sûr, nous ne voulons pas du capitalisme, mais nous ne voulons pas être pauvres sous le socialisme. »

Deng Xiaoping, 1979

« Tout le monde désormais se déclare favorable à l'économie de marché. »

Milton Friedman, 2003

Analyse d'une citation

« Pour mener à bien les quatre modernisations, nous devons suivre une politique d'ouverture au monde extérieur. »

Deng Xiaoping, 1979

Deng Xiaoping (1904-1997) est le successeur de Mao à la tête de l'État-parti en République Populaire de Chine. À la fin des années 1970, il lance la Chine sur la voie d'importantes réformes destinées à faire sortir le pays du sous-développement. Ce sont les « Quatre Modernisations » que Deng appelle aussi « socialisme de marché ». Il s'agit de libéraliser l'économie en adoptant une forme de capitalisme. Toutefois, Deng Xiaoping maintient les structures autoritaires de l'État-parti et n'hésite pas à réprimer brutalement toute aspiration à des réformes politiques, comme le démontre la répression du printemps de Tian'anmen en mai 1989. Le « socialisme de marché » favorise la croissance économique du pays, les investissements étrangers par les délocalisations d'activités des entreprises occidentales. La Chine se transforme et s'insère dans la mondialisation.

Cette citation, comme les deux précédentes, pourra être utilisée dans tout devoir sur Deng Xiaoping vu comme acteur majeur d'un nouveau capitalisme dans les années 1980, ou sur la nouvelle donne économique internationale à partir des années 1970.

Analyse d'une citation

« Notre slogan “ni Est ni Ouest” est le slogan fondamental de la révolution islamique dans le monde des affamés et des opprimés. »

Rouhollah Khomeini, 28 juillet 1987

Rouhollah Khomeini (1900-1989) est un théologien musulman chiite qui parvient au pouvoir en Iran lors de la révolution qui, en 1979, renverse le pouvoir du Shah, Mohamed Reza Pahlavi, allié des États-Unis dans la guerre froide. Arrivé au pouvoir, Khomeini élimine une grande partie des forces politiques ayant participé à la révolution (communistes, autonomistes kurdes, progressistes laïques…) pour établir une République islamique, un régime politique théocratique fondé sur la Charia, loi islamique (voir citation ci-après). L'Iran devient le premier pays dans lequel des islamistes exercent le pouvoir. Cette citation est intéressante, car elle montre bien que la révolution iranienne et la mise en place du nouveau régime bouleversent la scène politique et internationale. D'une part, dans le cadre de la guerre froide et de la remontée de la tension entre les deux blocs en ce début des années 1980, l'Iran islamiste entend ne s'allier ni avec les États-Unis (qui ont soutenu depuis les années 1950 le régime précédent) ni avec l'Union soviétique (régime athée et détesté de Khomeini et des religieux iraniens). D'autre part, l'Iran entend proposer son modèle politique comme une voie d'émancipation pour les « affamés et opprimés » ; comprenons pour les pays en voie de développement, particulièrement

ceux appartenant à l'aire culturelle musulmane. On est loin toutefois des espérances progressistes affichées par Nehru à Bandung en 1955 !
La citation est facilement utilisable dans les devoirs ayant pour sujet la modification des équilibres politiques mondiaux dans les années 1970-1980, et notamment le rejet du modèle occidental par le courant politique islamiste qui émerge dans ces années-là.

« La Constitution, le Code civil et le Code judiciaire ne peuvent s'inspirer que des lois islamiques contenues dans le Coran et transmises par le Prophète. »

Rouhollah Khomeini, 1979

Analyse d'une citation

« Nous sommes déjà passés de la confrontation à une meilleure compréhension mutuelle. »

Mikhaïl Gorbatchev, 9 décembre 1989

Mikhaïl Gorbatchev (né en 1931) est le dirigeant soviétique qui, conscient des difficultés et des pesanteurs du système politique hérité du stalinisme, tente dans les années 1980 de le réformer pour lui permettre de durer. Ces réformes connues sous les noms russes de *Glasnost* (transparence) et *Perestroïka* (restructuration) sont entreprises à partir du milieu des années 1980. Loin de permettre au régime politique de durer, elles provoquent la disparition de l'Union soviétique en 1991, après que les régimes communistes installés depuis le début de la guerre froide en Europe centrale et orientale se sont effondrés en 1989. Les réformes de Gorbatchev se sont accompagnées d'une très forte baisse de tensions entre les deux Grands. La citation est extraite d'un discours fait par Gorbatchev devant le Comité central du Parti communiste sur la politique extérieure de l'Union soviétique un mois après la chute du mur de Berlin. Il évoque ici les relations avec les États-Unis, mentionnant le passage d'une confrontation (tensions très fortes ravivées en particulier par Ronald Reagan au début des années 1980) à une meilleure compréhension mutuelle (en 1988, par exemple, le Traité de Washington met fin à la crise des euromissiles ; en 1989, outre les changements politiques importants permis par Gorbatchev en Europe de l'Est, l'armée soviétique a évacué l'Afghanistan, et le 3 décembre 1989,

au sommet de Malte, Mikhaïl Gorbatchev et le président des États-Unis récemment élu, Georges H. Bush, ont ouvert la voie à la fin de la guerre froide).
La citation sera utile dans les devoirs ayant pour sujet l'effondrement du bloc soviétique et de l'URSS, notamment l'année 1989 dans le monde.

« Le système totalitaire, qui a privé le pays de la possibilité qu'il aurait eue depuis longtemps de devenir heureux et prospère, a été liquidé. »

Mikhaïl Gorbatchev, 25 décembre 1991

« L'ancien système s'est effondré avant que le nouveau ait pu se mettre en marche. »

Mikhaïl Gorbatchev, 25 décembre 1991

UN TOURNANT SOCIAL, POLITIQUE ET CULTUREL, LA FRANCE DE 1974 À 1988

« Une femme ne se définit que par l'homme qu'elle a épousé et les enfants qu'elle a eus. Telle est l'idéologie de ce système que nous récusons. »

Gisèle Halimi, 8 novembre 1972

Analyse d'une citation

« Aucune femme ne recourt de gaieté de cœur à l'avortement. »

Simone Veil, 26 novembre 1974

Simone Veil (1927-2017) est nommée ministre de la Santé par le président Valéry Giscard d'Estaing en 1974. Elle est notamment chargée de présenter un projet de loi rendant l'interruption volontaire de grossesse légale, toujours punie pénalement à l'époque – comme le démontre le procès de Bobigny tenu deux ans plus tôt dans lequel s'était illustrée l'avocate Gisèle Halimi. La citation est extraite du discours de la ministre à l'Assemblée nationale pour présenter le projet de loi. Le climat dans lequel elle présente la loi sur l'IVG est extrêmement tendu. Simone Veil se heurte en effet

à une hostilité féroce d'une partie de la droite parlementaire, dont elle est pourtant issue, et de l'extrême droite, qui n'hésite pas à ressortir ses vieilles diatribes antisémites. La ministre fait pourtant face avec courage, et le projet de loi est adopté grâce au soutien des voix de l'opposition de gauche socialiste et communiste. La loi sur l'IVG constitue une avancée majeure dans l'avancée de la condition féminine en France. Lorsque la gauche parvient au pouvoir en 1981, l'IVG est alors remboursée par la Sécurité sociale, ce qui constitue un progrès supplémentaire.
L'usage de ces deux citations sera pertinent dans tout sujet où il faudra aborder les mutations sociales des années 1970-1980, notamment la place et les droits des femmes.

Analyse d'une citation

« La finalité profonde du Plan sera de rendre les Français plus heureux. »

Jacques Chirac, 5 juin 1974

« Depuis des décennies, la tentation française par excellence a été celle du dirigisme d'État. »

Jacques Chirac, 9 avril 1986

Jacques Chirac (1932-2019) a été deux fois Premier ministre, avant de devenir président de la République en 1995. Une première fois de 1974 à 1976 au début du septennat de Valéry Giscard d'Estaing et une deuxième fois lors de la première cohabitation, de 1986 à 1988 à la fin du premier mandat de François Mitterrand. Les deux citations correspondent chacune à ces deux moments. Elles sont intéressantes à mettre en parallèle, car elles reflètent bien les évolutions qui se sont produites au sein de la droite française concernant le rôle de l'État dans l'économie et la société, du fait du tournant néolibéral des années 1980. Au début des années 1970, Chirac entend encore s'appuyer sur la planification dans le cadre des structures de l'État-providence mises en place à la Libération et lors de la reconstruction. Au milieu des années 1980, il remet en cause cette planification qu'il nomme « dirigisme d'État » avec une connotation très péjorative. Il est, à ce moment-là, très clairement sur la même ligne que Margaret Thatcher et Ronald Reagan.

« Il n'y a jamais eu un jeune ministre de la Jeunesse en France, il n'y en a jamais eu, c'est tous des vieux ! »

Daniel Balavoine, 19 mars 1890

« Dans les pays de liberté, l'abolition est presque partout la règle ; dans les pays où règne la dictature, la peine de mort est partout pratiquée. »

Robert Badinter, 18 septembre 1981

« Demain, grâce à vous, la justice française ne sera plus une justice qui tue. »

Robert Badinter, 18 septembre 1981

« Dans trois ans, le Sida fera plus de morts en France que les accidents de la route. »

Claude Évin, 4 novembre 1988

Analyse d'une citation

« Après une longue adolescence, l'âge de la maturité est enfin venu pour ce ministère. »

Jack Lang, 17 novembre 1981

Jack Lang (né en 1939) a été ministre de la Culture de 1981 à 1986, sous le premier septennat de François Mitterrand. Il a indiscutablement contribué à transformer ce ministère créé par le général de Gaulle en 1958 (et confié à l'époque à André Malraux), tout d'abord en augmentant le budget de l'État consacré à la culture, puis en élargissant les champs de compétence du ministère. L'action lancée par Jack Lang visait à renforcer le rayonnement de la culture et à permettre à tous les citoyens de participer effectivement et activement à la vie culturelle. C'est sous son impulsion que sont mis en place les prix fixes du livre, la fête de la musique, celle du cinéma ou les journées du patrimoine – des manifestations qui existent toujours aujourd'hui.
Ainsi, la citation du ministre de la Culture illustre bien le tournant majeur dans les politiques culturelles menées en France entre les années 1970 et la fin des années 1980.

« Tout est culture en fin de compte, Jack Lang avait raison. »

François Mitterrand, 7 avril 1988

Analyse d'une citation

« Je n'ai pas été nommée Premier ministre par accident. »

Édith Cresson, 2019

Édith Cresson (née en 1934) a été la première femme à accéder au poste de Premier ministre dans l'histoire politique de la France. C'est en mai 1991 que François Mitterrand, dont le second septennat commence à s'essouffler, décide de confier ce poste à cette militante de longue date du Parti socialiste. Le moins qu'on puisse dire est qu'elle n'a pas été épargnée par la presse et par l'opposition de droite durant son mandat. En avril 1992, dix mois à peine après l'avoir nommée, François Mitterrand procède à un remaniement et la remercie, nommant à sa place Pierre Bérégovoy (dont le destin sera tragique). L'expérience, pour courte et pour amère qu'elle ait été pour l'intéressée, a néanmoins marqué l'histoire politique et a constitué un pas supplémentaire vers une place plus large des femmes en politique à partir des années 1990, ouvrant aussi la voie à la parité. Une trentaine d'années plus tard, dans une interview à un organe de presse, Édith Cresson a ces mots par lesquels elle justifie le choix du président Mitterrand, non pas comme un accident, mais comme un choix fait en conscience et en prenant en compte de réelles compétences. L'usage de la citation sera pertinent dans tout sujet où il faudra aborder les mutations sociales des années 1970-1980, notamment la place et les droits des femmes.

Programme d

THÈME

4

Le monde, l'Europe et la France depuis les années 1990, entre coopérations et conflits

NOUVEAUX RAPPORTS DE PUISSANCE ET ENJEUX MONDIAUX

« Face à la tyrannie, que personne ne doute de la crédibilité et du sérieux des États-Unis. »

Georges Herbert Bush, 11 septembre 1990

« Maintenant nous pouvons voir venir un nouveau monde. Un monde dans lequel il existe une véritable perspective de nouvel ordre mondial. »

Georges Herbert Bush, 16 janvier 1991

« Ce soir, je tends la main à chaque Sud-Africain, noir ou blanc, du plus profond de mon être. »

Nelson Mandela, 13 avril 1993

Analyse d'une citation

« Nous prenons l'engagement de bâtir une société dans laquelle tous les Sud-Africains, blancs ou noirs, pourront marcher la tête haute sans aucune crainte au fond de leur cœur (...), une nation arc-en-ciel en paix avec elle-même et avec le monde. »

Nelson Mandela, 10 mai 1994

Nelson Mandela (1918-2013) reste l'incarnation de la lutte victorieuse contre le régime raciste de l'apartheid en Afrique du Sud. Condamné à la prison à perpétuité par le régime ségrégationniste blanc en 1963, il est incarcéré au pénitencier de l'île de Robben Island au large du Cap, puis, à partir de 1982, à la prison de Poollsmoor, dans la banlieue de cette même ville. Il est finalement libéré en 1990, et des négociations politiques commencent entre le pouvoir blanc et le mouvement de Mandela, l'ANC (Congrès national africain). Ce processus politique débouche sur la fin de l'apartheid en Afrique du Sud et sur l'élection de Nelson Mandela à la présidence du pays. La citation est extraite de son discours d'investiture prononcé le 10 mai 1994, après la victoire de l'ANC aux élections. Il évoque ici les premières élections auxquelles tous les citoyens sud-africains, quelle que soit leur couleur de peau, ont pu participer et ses espoirs de construire dans le pays une société apaisée.

Cette citation sera très utile dans les devoirs évoquant la fin de l'apartheid en Afrique du Sud.

« J'avais voté pour la première fois de ma vie. »

Nelson Mandela, 1995

« Les États-Unis devront être actifs dans chaque aire du monde qui se dessine aujourd'hui, pour contribuer à maintenir la paix et la stabilité et pour promouvoir la déxmocratie. »

Bill Clinton, 1997

Analyse d'une citation

« On n'avait pas à choisir entre les hommes et les femmes, les nourrissons et les anciens : tout le monde devait être abattu à la fin. »

Élie, 2003

Entre avril et juin 1994, entre 800 000 et 1 000 000 de Tutsis du Rwanda sont exterminés de manière planifiée par le gouvernement rwandais, ses forces de police et de sécurité, aidées de l'armée et de miliciens fanatisés. Dans les années qui suivent ce terrible génocide, le journaliste Jean Hatzfeld se rend au Rwanda, où il enquête sur l'événement en interrogeant victimes rescapées, témoins et bourreaux du génocide. Après *Dans le Nu de la vie*, paru en 2000, qui était centré sur les témoignages de rescapés tutsis du génocide, Hatzfeld écrit *Une Saison de machettes*, paru en 2003, qui est centré sur des récits de bourreaux hutus. Élie est l'un d'eux. Ses propos montrent que les massacres, le plus souvent à la machette, n'épargnaient personne et étaient effectués de manière systématique, avec l'objectif d'éliminer tous les Tustsis du Rwanda. On retrouve dans ces tueries de masse toutes les caractéristiques des autres génocides du XXe siècle : un conditionnement haineux de la population, un contexte de troubles politiques, une organisation planifiée des massacres.

« Les attaques terroristes peuvent secouer les fondations de nos plus hauts immeubles, mais elles ne peuvent pas ébranler les fondements de l'Amérique. »

Georges Walker Bush, 11 septembre 2001

« Notre guerre contre la terreur commence par Al-Qaida mais ne se termine pas là. »

Georges Walker Bush, 20 septembre 2001

« Voilà l'Amérique remplie de terreur. »

Oussama Ben Laden, 7 octobre 2001

« Des pays comme la Corée du Nord, l'Iran, l'Irak et leurs alliés terroristes constituent un Axe du mal, s'armant pour menacer la paix dans le monde. »

Georges Walker Bush, 29 janvier 2002

Analyse d'une citation

« N'oublions pas qu'après avoir gagné la guerre, il faut gagner la paix. »

Dominique de Villepin, 14 février 2003

Dominique de Villepin (né en 1953) est le ministre des Affaires étrangères français en 2003. Cette citation est extraite d'un discours fait devant le Conseil de sécurité de l'Organisation des Nations unies (ONU) à New York, le 14 février 2003. À ce moment, le président des États-Unis, Georges Walker Bush, envisage une opération militaire contre l'Irak, dirigée par Saddam Hussein. Les arguments invoqués par le gouvernement des États-Unis pour justifier cette intervention sont doubles : l'Irak, vue comme un « État-voyou », détiendrait des armes de destruction massive, notamment chimiques ; de plus, le régime de Saddam Hussein hébergerait des djihadistes d'Al-Qaïda, l'organisation terroriste responsable des attentats du 11 septembre 2001. Georges Bush souhaiterait bénéficier pour cette opération militaire de l'aval de l'ONU par le biais d'une résolution du Conseil de Sécurité. Ils espèrent le vote de cette résolution sans opposition. Or, leur projet fait débat entre les membres permanents du Conseil. Si la Grande-Bretagne soutient l'initiative américaine, la France y est opposée. Dominique de Villepin justifie cette opposition dans son discours du 14 février. Il pense que l'usage de la force ne se justifie pas et que des inspecteurs internationaux mandatés par l'ONU peuvent continuer à vérifier que l'Irak respecte ses

engagements internationaux. Il exprime notamment la crainte qu'une guerre contre l'Irak risque de déstabiliser la région et de la plonger dans le chaos. Force est de constater que l'histoire lui a donné raison.
On pourra utiliser avec profit cette citation dans une question problématisée sur les nouvelles formes de conflits depuis les années 1990, ou dans un devoir où l'on serait amené à évoquer le 11 septembre 2001 et ses conséquences internationales.

Analyse d'une citation

« Pour que le Conseil de sécurité ait une légitimité au XXIe siècle, il doit non seulement être efficace mais aussi représentatif. »

Kofi Annan, 2013

Kofi Annan (1938-2018) a été Secrétaire général de l'Organisation des Nations unies (ONU) de 1996 à 2006. Cette citation est extraite d'un livre d'entretiens qui a été publié en 2013, dans lesquels il fait notamment le bilan de son action à la tête de cette instance de gouvernance mondiale qu'est l'ONU. Le contexte dans lequel Kofi Annan a exercé ses fonctions est celui d'un accroissement de la multipolarité du monde dans le cadre de nouveaux rapports de puissances : émergence de la Chine, développement de conflits asymétriques et du terrorisme islamiste, crise du Kosovo, interventions militaires des États-Unis en Afghanistan et en Irak. Dans ce contexte, un certain nombre de puissances demandent une réforme du Conseil de Sécurité de l'ONU dans lequel les sièges de représentants permanents sont attribués en fonction des rapports de force qui existaient au lendemain de la Seconde Guerre mondiale. Ainsi, des États comme le Brésil, l'Inde ou le Japon manifestent en ce début des années 2000 leur désir de pouvoir bénéficier d'une meilleure représentation au Conseil de Sécurité. Kofi Annan semble leur donner raison en 2013. On pourra utiliser cette citation dans les devoirs ayant pour sujet les nouveaux rapports de puissance depuis la fin de la guerre froide.

Analyse d'une citation

« Notre maison brûle et nous regardons ailleurs. »

Jacques Chirac, 2 septembre 2002

Jacques Chirac (1932-2019) fut président de la République française entre 1995 et 2007. En septembre 2002, il participe au Sommet de la Terre de Johannesburg en Afrique du Sud, réunissant de nombreux chefs d'État du monde entier à l'initiative de l'Organisation des Nations unies (ONU). L'objectif du sommet visait à faire le bilan des politiques de développement durable dix ans après le précédent Sommet de la Terre, qui s'était tenu à Rio de Janeiro au Brésil. La phrase est prononcée par le président de la République en ouverture de son discours devant les participants au Sommet le 2 septembre 2002. Elle est le reflet d'une situation préoccupante quant aux dégâts produits par le réchauffement climatique et les enjeux de la durabilité du développement. Il est intéressant de souligner qu'elle indique aussi une prise de conscience de ces enjeux par Jacques Chirac. Ce dernier n'avait pas semblé marquer d'intérêt particulier dans ce domaine jusque-là. La citation sera facilement utilisable dans les devoirs où devront être abordés les grands défis mondiaux contemporains et la nécessité de mettre en place une gouvernance mondiale pour y faire face.

« Les pays les plus riches du monde sont les premiers responsables de la crise climatique. »

Antonio Guterres, 10 septembre 2018

LA CONSTRUCTION EUROPÉENNE ENTRE ÉLARGISSEMENT, APPROFONDISSEMENT ET REMISES EN QUESTION

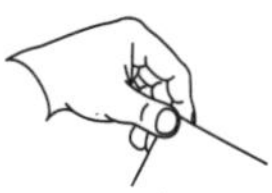

Analyse d'une citation

« Ce qu'on nous demande d'abandonner, pour atteindre la prospérité, ce n'est pas seulement le droit de battre monnaie, c'est la possibilité de conduire une politique économique qui nous soit propre. »

Philippe Séguin, 5 mai 1992

Philippe Séguin (1943-2010) est député des Vosges et maire d'Épinal en 1992. Il s'exprime ici alors que la campagne en vue du référendum destiné à ratifier le traité de Maastricht (20 septembre 1992) bat son plein. Cette question divise, à droite comme à gauche. Séguin appartient au Rassemblement pour la République (RPR), le parti de droite gaulliste. Ses propos montrent qu'il est opposé au traité de Maastricht, alors que Jacques Chirac, qui dirige le parti depuis sa création en 1976, y est favorable. Les raisons des réticences de Séguin tiennent essentiellement dans les abandons de souveraineté auxquels l'application du traité va inévitablement pousser. Il incarne la droite souverainiste attachée à une construction européenne qui respecte la souveraineté des états. La crainte qu'il exprime ici est celle de l'impossibilité de mener une politique économique indépendante avec une monnaie commune et des critères de convergence. On pourra utiliser cette citation dans les devoirs ayant pour sujet la construction européenne depuis les années 1990.

Analyse d'une citation

« Nous avons désormais une frontière terrestre, Madame. »

François Mitterrand, 6 mai 1994

Le président François Mitterrand prononce ces mots lors de l'allocution qu'il fait le jour de l'inauguration du tunnel sous la Manche, qui relie le nord de la France au sud-est de l'Angleterre. Les mots du président s'adressent directement à Elisabeth II, la reine du Royaume-Uni de Grande-Bretagne et d'Irlande du Nord. François Mitterrand, en sous-entendant que la principale île britannique n'en serait plus une, fait sans doute aussi un clin d'œil au passé, car les premiers projets de tunnel sous la Manche remontaient au début du XIXe siècle. La Grande-Bretagne y avait longtemps été opposée pour des raisons stratégiques, son insularité la prémunissant contre les invasions depuis 1066 et les succès de Guillaume le Conquérant, duc de Normandie…
On pourra utiliser cette citation dans les devoirs ayant pour sujet la construction européenne depuis les années 1990, ou dans ceux dans lesquels le candidat sera amené à évoquer la construction du tunnel sous la Manche comme instrument destiné à mieux favoriser l'intégration du Royaume-Uni dans le marché unique européen.

Analyse d'une citation

« Le compte à rebours a commencé. »

Guy Quaden, 3 mars 1997

Guy Quaden (né en 1945) est le directeur de la Banque nationale de Belgique de 1988 à 1999. Par ailleurs, il est commissaire général à l'Euro du gouvernement belge de 1996 à 1999. C'est donc un acteur et un témoin de premier plan dans l'application des dispositions du traité de Maastricht de 1992, notamment la mise en circulation de l'Euro. Dans les années qui suivent l'entrée en application du traité donnant naissance à l'Union européenne, les chefs d'État se sont progressivement mis d'accord sur les modalités du passage à la monnaie unique. En 1997, comme le dit Quaden, le compte à rebours de la mise en circulation de la monnaie commune est commencé. L'Euro entre en circulation sous forme scripturale en 1999, et sous forme de pièces et de billets en 2002.

On pourra utiliser cette citation dans les devoirs ayant pour sujet la construction européenne depuis les années 1990.

« L'unification, c'est la condition de la paix et de la liberté au XXIe siècle. »

Helmut Kohl, 2001

« Une politique étrangère et de sécurité commune en Europe est indispensable mais doit se faire aux côtés de partenaires au-delà de l'Europe. »

Angela Merkel, 25 mars 2007

Analyse d'une citation

« Vous avez imposé furtivement, par la tromperie et sans jamais dire la vérité aux Britanniques et au reste de la population européenne, une union politique. »

Nigel Farage, 28 juin 2016

Nigel Farage (né en 1964) est un homme politique à l'origine membre du parti conservateur qui a évolué progressivement vers l'extrême droite souverainiste britannique. Il dirige entre 2006 et 2016 un parti politique eurosceptique et nationaliste, le Parti pour l'Indépendance du Royaume-Uni (UKIP) qui milite pour une sortie de la Grande-Bretagne de l'Union européenne (Brexit). Le 23 juin 2016, un référendum est organisé en Grande-Bretagne. À la question « Le Royaume-Uni doit-il rester un membre de l'Union européenne ou quitter l'Union européenne ? », plus de 51 % des votants répondent « quitter l'Union européenne ». Des négociations ont ensuite été menées entre l'UE et le Royaume-Uni qui ont abouti à un accord de retrait en janvier 2020.

« Gardons à l'esprit que le patriotisme du XXIe siècle est à double dimension, l'une nationale, l'autre européenne, les deux ne s'excluant pas. »

Jean-Claude Juncker, 2018

LA RÉPUBLIQUE FRANÇAISE

« La réduction de sept à cinq ans du mandat présidentiel donnera au pays une meilleure respiration démocratique. »

Jacques Chirac, 6 juillet 2000

« Oui c'est bien ce mariage que nous offrons aux couples de même sexe. »

Christine Taubira, 29 janvier 2013

« L'idée de parité va bien au-delà d'une égalité en droit pour viser une égalité concrète de situation. »

Élisabeth Guigou, 15 décembre 1998

Analyse d'une citation

« La loi sur le mariage pour tous est une victoire pour les militants qui se sont battus pour cette cause. »

François Hollande, 2018

François Hollande (né en 1954) est président de la République de 2012 à 2017. Il évoque dans *Les Leçons du pouvoir*, paru en 2018 les grands événements qui ont marqué son quinquennat. La citation évoque la loi sur le mariage pour tous adoptée en mai 2013. Cette loi ouvre de nouveaux droits pour le mariage, l'adoption et la succession en permettant notamment l'union de personnes du même sexe. Christiane Taubira (voir plus haut), la garde des Sceaux a joué un grand rôle dans l'adoption de cette loi qui permet plus d'égalité dans un contexte difficile, les réactions hostiles au projet venant de la frange la plus conservatrice et traditionaliste de l'opinion s'étant fait entendre bruyamment dans la rue et à l'Assemblée. L'adoption de cette loi a bel et bien été une victoire pour les militants de l'égalité entre couples homosexuels et hétérosexuels. En 2017, cinq ans après l'adoption de la loi, on comptait plus de 40 000 mariages entre deux hommes ou deux femmes, soit 3,5 % du total. Ils sont donc loin de compenser la baisse importante du nombre de mariages constatée en France depuis le début des années 2000. Ces chiffres sont aussi le reflet de changements de mentalités dans la société française, même si la question divise l'opinion publique. Il est parfois sain que le législateur soit en avance sur l'opinion.

Analyse d'une citation

« En montrant qu'il est possible de transformer radicalement ses mœurs et ses pratiques, la parité fera la preuve qu'il est possible de changer la société. »

Dinah Derycke, 28 juin 1999

Dinah Derycke (1946-2002) est sénatrice socialiste du Nord en 1999. Elle a été une actrice du débat qui a donné naissance à la loi tendant à favoriser l'égal accès des hommes et des femmes aux mandats électoraux et aux fonctions électives, adoptée en 2000. L'objectif de la loi est de permettre une meilleure représentation des femmes dans les assemblées élues, à toutes échelles, de la commune au Parlement européen. Pour l'Assemblée nationale, cette loi ne reste qu'incitative. Cette loi, mieux connue sous le nom de « loi sur la parité », impose de présenter aux élections un nombre égal d'hommes et de femmes aux élections municipales, régionales, sénatoriales et européennes. Des retenues financières sont imposées aux partis qui ne respectent pas les dispositions de la loi. La République française a été ainsi l'un des premiers pays à adopter un système de parité. Vingt ans après, des progrès ont été réalisés : dans de nombreux conseils municipaux, la parité est effective, tout comme dans les conseils régionaux et au Parlement européen. Mais le bilan reste assez discutable et en dessous des espérances des initiateurs de la loi. Une des raisons en est que les pénalités financières semblent peu dissuasives. Les femmes représentent dans la dernière législature 38,8 % des sièges

(224 députées) contre 10,9 % (63 députées) dans l'Assemblée qui avait adopté la loi en 2000. Rappelons qu'elles n'étaient que 36 (7,3 % du total des députés) lorsque la gauche remporta les élections législatives de juin 1981, après la victoire de François Mitterrand à l'élection présidentielle, à peine plus que lors de l'élection de la première constituante au lendemain de la Seconde Guerre mondiale (octobre 1945).

La citation (sur le même thème, on pourra aussi choisir celle d'Élisabeth Guigou, ministre de la Justice entre 1997 et 2000, voir plus haut) exprime très clairement l'idée que la parité doit favoriser des changements de société, de nature à faire progresser la condition féminine en France. Elle sera utile dans toute copie ayant pour sujet les combats pour l'égalité en France dans la période très contemporaine.

« Pour renforcer les régions, je propose de faire passer leur nombre de vingt-deux à quatorze. »

François Hollande, 3 juin 2014

S.E.S.

Économie

« L'économiste doit être mathématicien, historien, politicien et philosophe. Il doit aborder simultanément l'abstraction et la réalité et étudier le présent à la lumière du passé en vue de l'avenir sans qu'aucun aspect de la nature des institutions ne lui échappe. »

John Maynard Keynes (1883-1946)

« Les économistes sont plutôt des plombiers : ils résolvent les problèmes par un mélange d'intuition faite de science, de conjecture fondée sur l'expérience et d'une bonne dose d'essais et d'erreurs. »

Esther Duflo (1972-) et Abhijit V. Banerjee (1961-)

QUELS SONT LES SOURCES ET LES DÉFIS DE LA CROISSANCE ÉCONOMIQUE ?

Analyse d'une citation

« Il ne faut jamais craindre qu'il y ait trop de sujets, trop de citoyens : il n'y a pas de richesse ni de force que d'hommes. »

Jean Bodin (1529-1596)

En 1557, Jean Bodin énonce, d'une part, l'idée que la production de richesses repose sur le travail humain, le facteur travail étant un moteur essentiel de la croissance économique ; d'autre part, il nous invite à penser que le bien-être des hommes est essentiel à la croissance. La notion de capital humain, l'ensemble des capacités physiques et intellectuelles à produire d'un individu, même si elle n'apparaît pas en tant que telle, est donc déjà évoquée.

Cette citation peut être utilisée pour mettre en évidence le rôle des facteurs de production dans la croissance.

« À partir du dernier tiers du XVIIIe siècle, un certain nombre de pays ont connu la plus profonde mutation qui ait jamais affecté les hommes depuis le néolithique. »

Jean Pierre Rioux (1939-)

« L'accroissement de la richesse n'est pas illimité, qu'à la fin de ce que l'on appelle l'état progressif, se trouve l'état stationnaire. »

John Stuart Mill (1806-1873)

« L'état stationnaire : cet état dans lequel le capital ne peut augmenter que s'il survient quelque perfectionnement dans les arts productifs ou un accroissement dans la puissance du désir d'accumuler. »

John Stuart Mill (1806-1873)

« Le problème majeur de l'expansion du capitalisme moderne n'est pas celui de l'origine du capital, c'est celui du développement de l'esprit du capitalisme. Partout où il s'épanouit, partout où il est capable d'agir de lui-même, il crée son propre capital et ses réserves monétaires, ses moyens d'action, mais l'inverse n'est pas vrai. »

Max Weber (1864-1920)

« On appelle progrès technique une capacité d'action de plus en plus efficace que l'homme acquiert par l'effort intellectuel sur les éléments matériels. »

Jean Fourastié (1907-1990)

Analyse d'une citation

« Si l'action de la nature dans la production montre une tendance au rendement décroissant, l'action de l'homme et l'organisation industrielle montrent une tendance au rendement croissant. »

Alfred Marshall (1842-1924)

L'économiste néoclassique Alfred Marshall énonce l'idée que dans l'industrie, l'existence de rendements croissants est possible. La production peut profiter d'externalités positives liées à la formation de la main-d'œuvre, aux infrastructures à l'innovation de procédé ou à l'innovation organisationnelle. David Ricardo, économiste classique évoquait la loi des rendements décroissants : toute chose égale par ailleurs, chaque unité de facteur de production supplémentaire est moins efficace que la précédente.
Cette citation peut être mobilisée pour mettre en évidence le rôle du progrès technique dans la croissance économique.

Analyse d'une citation

« Les plus grandes améliorations dans la puissance productrice du travail et la plus grande partie de l'habileté, de l'adresse, de l'intelligence avec laquelle il est dirigé ou appliqué, sont dues, à ce qu'il semble, à la division du travail. »

Adam Smith (1723-1790)

L'économiste écossais Adam Smith, dans son ouvrage *Recherches sur la nature et les causes de la richesse des nations*, publié en 1776, explique que selon lui, la division du travail qui consiste à décomposer la production en une multitude de tâches élémentaires explique les gains de productivité, et ainsi l'accroissement de la production de richesses. Chaque travailleur n'effectuant qu'une seule tâche, il devient particulièrement efficace ; la productivité en est ainsi augmentée. Cette citation peut être mobilisée pour faire le lien entre la division du travail et la croissance économique.

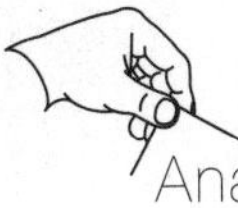

Analyse d'une citation

« Le facteur essentiel du développement n'est pas le capital, comme on l'a cru longtemps, mais le savoir des hommes. [...] Le constructeur d'un barrage ne maudit pas les lois de la pesanteur et de l'hydraulique : il leur obéit et, par là, leur commande. »

Alfred Sauvy (1898-1990)

Alfred Sauvy, dans son ouvrage *Mythologie de notre temps*, met en évidence le rôle essentiel du capital humain dans la croissance économique. Les nouvelles techniques ne sont rien si la main-d'œuvre ne dispose pas d'une formation suffisante pour les manier au mieux. Cette citation peut être mobilisée pour mettre en évidence le rôle du capital humain dans la croissance économique.

Analyse d'une citation

« Ajoutez autant de diligences que vous voudrez, vous n'obtiendrez jamais un chemin de fer par ce moyen. »

Joseph Aloïs Schumpeter (1883-1950)

L'économiste hétérodoxe autrichien, Joseph Aloïs Schumpeter, dans son ouvrage *Les Cycles des affaires*, insiste sur l'importance des innovations introduites par les entrepreneurs pour stimuler le mécanisme de création de richesses. Il met aussi en évidence le fait que les nouveaux produits et les nouveaux procédés chassent les anciens : c'est le mécanisme de destruction créatrice.

« La reine Elizabeth possédait des bas de soie. L'achèvement capitaliste n'a pas consisté spécifiquement à procurer aux reines davantage de ces bas, mais à les mettre à la portée des ouvrières d'usine, en échange de quantités de travail constamment décroissantes. »

Joseph Aloïs Schumpeter (1883-1950)

« On peut voir les ordinateurs partout sauf dans les statistiques de productivité. »

Robert Solow (1924-)

Analyse d'une citation

« La croissance économique vient de meilleures recettes et non seulement de par le fait de cuisiner plus. Les nouvelles recettes produisent moins d'effets secondaires négatifs et génèrent plus de valeur ajoutée par unité de ressource. »

Paul Romer (1955-)

L'économiste et prix Nobel américain Paul Romer est connu pour ses travaux sur la croissance endogène. La croissance économique ne doit pas s'appuyer sur une accumulation toujours plus importante des facteurs de production « cuisiner plus », mais davantage sur la connaissance, l'information et la confiance, « les nouvelles recettes » qui engendrent moins « d'effets secondaires », comme l'épuisement des ressources et la pollution, et qui sont reproductibles infiniment. Il a mis en évidence le rôle fondamental de l'institution des brevets dans la croissance économique.

« L'économie n'a démarré que lorsque le progrès technique s'est introduit dans l'agriculture et l'industrie. »

Walt Whitman Rostow (1916-2003)

« La chaîne progrès technique-progrès économique a pour moteur le progrès scientifique et pour conséquence le progrès social. »

Jean Fourastié (1907-1990)

Analyse d'une citation

« La science qui dirige les opérations industrielles est […] une partie essentielle des facultés industrielles. Aussi, voyons-nous peu d'industries chez les nations où les sciences sont négligées »

Jean-Baptiste Say (1767-1832)

L'économiste classique français Jean-Baptiste Say, dans son ouvrage *Traité d'économie politique ou simple exposition de la manière dont se forment, se distribuent ou se consomment les richesses*, introduit l'idée que la croissance économique d'une nation dépend de l'accumulation des connaissances : on ne peut produire efficacement sans une main-d'œuvre formée, sans accès à la connaissance et au progrès scientifique.

« Notre objectif est de stimuler l'innovation. Au lieu de chercher à sauver des emplois du passé, il vaut mieux regarder devant et favoriser l'innovation. »

Xavier Niel (1967-)

« Le capitalisme constitue, de par sa nature, un type ou une méthode de transformation économique, et non seulement il n'est jamais stationnaire, mais il ne pourrait le devenir. […] Ce processus de destruction créatrice constitue la donnée fondamentale du capitalisme. »

Joseph Aloïs Schumpeter (1883-1950)

Analyse d'une citation

« Le nouveau ne sort pas de l'ancien, mais apparaît à côté de l'ancien, lui fait concurrence jusqu'à le ruiner. »

Joseph Aloïs Schumpeter (1883-1950)

L'économiste hétérodoxe Joseph Aloïs Schumpeter, dans son ouvrage *Capitalisme, socialisme et démocratie*, fait référence au processus de destruction créatrice qui est essentiel à la dynamique du capitalisme, car c'est le processus par lequel un nouveau modèle, porté par les innovations, se substitue au précédent.
Cette phrase pourra être utilisée pour mettre en avant le rôle de l'innovation dans la croissance économique.

« Le capitalisme constitue, de par sa nature, un type ou une méthode de transformation économique, et non seulement il n'est jamais stationnaire, mais il ne pourrait le devenir. [...] Ce processus de destruction créatrice constitue la donnée fondamentale du capitalisme. »

Joseph Aloïs Schumpeter (1883-1950)

« La machine a jusqu'ici créé, directement ou indirectement, beaucoup plus d'emplois qu'elle n'en a supprimés. »

Alfred Sauvy (1898-1990)

« Je crois aussi que les hommes sont moins féroces quand ils sont moins misérables, que les progrès de l'industrie déterminent à la longue quelque adoucissement dans les mœurs. »

Anatole France (1844-1924)

« Le troisième et dernier des devoirs du souverain ou de la république est celui d'élever et d'entretenir ces ouvrages et ces établissements publics dont une grande société retire d'immenses avantages, mais qui sont néanmoins de nature à ne pouvoir être entrepris ou entretenus par un ou par quelques particuliers, attendu que, pour ceux-ci, le profit ne saurait jamais leur en rembourser la dépense. L'État doit prendre à sa charge les biens collectifs tels que les infrastructures de communication mais aussi les institutions pour l'éducation de la jeunesse, ceux-ci ne peuvent pas être assumés dans le cadre privé alors qu'ils sont favorables au commerce et à la croissance économique »

Adam Smith (1723-1790)

« L'unique responsabilité sociale de l'entreprise est d'accroître ses profits. »

Milton Friedman (1912-2006)

« Le progrès technique ne chasse pas les hommes de la production ; il permet seulement de travailler moins dur et moins longtemps. Mais il les oblige à changer sans cesse de métier pour maintenir l'indispensable concordance entre les choses produites et les choses consommées. »

Jean Fourastié (1907-1990)

Analyse d'une citation

« Pour une raison ou une autre, les employeurs sont de moins en moins enclins à payer les services de ceux qui n'ont rien d'exceptionnel à offrir. [...] Ainsi, les mêmes facteurs conduisent à une baisse des salaires pour les travailleurs les moins qualifiés aux États-Unis et au chômage pour la même catégorie de personnes en Europe. »

Paul Krugman (1953-)

L'économiste et prix Nobel américain Paul Krugman, dans son ouvrage *La mondialisation n'est pas coupable : vertus et limites du libre-échange*, explique que le progrès technique a favorisé les inégalités de revenus aux États-Unis. Ainsi, le progrès technique rend certains salariés beaucoup plus productifs, ce qui leur permet d'obtenir une rémunération beaucoup plus avantageuse alors que d'autres salariés, dont la productivité a stagné – livreurs, vendeurs, serveurs – ou a faiblement augmenté – salariés de l'industrie –, voient au mieux leur rémunération stagner. Le progrès technique serait donc « biaisé » en faveur de certains salariés.
Cette citation peut être mobilisée pour faire le lien entre progrès technique et inégalités de revenus.

« La machine conduit l'homme à se spécialiser dans l'humain. »

Jean Fourastié (1907-1990)

Analyse d'une citation

« Rien ne sera moins industriel que la civilisation née de la révolution industrielle. »

Jean Fourastié (1907-1990)

Dans *Le Grand Espoir du XXe siècle*, Jean Fourastié explique que le progrès technique amenuise les prix des produits agricoles. Or, leur consommation ne pouvant augmenter indéfiniment, la consommation de services devrait se développer. Le secteur tertiaire, peu affecté par le progrès technique, deviendrait prédominant.

« Il me semble n'y avoir aucune bonne raison de croire que nous soyons le moins du monde proches d'un état stationnaire où il n'y aurait aucun besoin nouveau important à satisfaire. Toute l'histoire de l'homme montre que ses besoins s'étendent à mesure que se développent ses richesses et ses connaissances. »

Alfred Marshall (1842-1924)

« Les systèmes économiques qui négligent les facteurs moraux et sentimentaux sont comme des statues de cire : ils ont l'air d'être vivants et pourtant il leur manque la vie de l'être en chair et en os. »

Gandhi (1869-1948)

« L'exigence de passer d'une évaluation de l'activité marchande à une évaluation du bien-être se fait plus pressante. »

Commission Stiglitz-Sen-Fitoussi (2009)

Analyse d'une citation

« Épousez votre femme de ménage et vous ferez baisser le PIB. »

Alfred Sauvy (1898-1990)

Alfred Sauvy évoque l'une des limites du PIB. Le PIB est l'indicateur monétaire qui ne retient que la production marchande des entreprises et la production non marchande des administrations publiques ; il n'intègre pas les productions non marchandes du travail domestique ou bénévole pourtant essentielles au bien-être.
Cette phrase pourra être mobilisée pour annoncer les limites du PIB.

« Selon notre manière de compter nous nous enrichissons en faisant des Tuileries un parking payant et de Notre-Dame un immeuble de bureau. »

Bertrand de Jouvenel (1903-1987)

« Le PIB ne tient pas compte de la santé de nos enfants, de la qualité de leur instruction, ni de la gaieté de leurs jeux. [...] Il ne prend pas en considération notre courage, notre sagesse ou notre culture. [...] En un mot, le PIB mesure tout, sauf ce qui fait que la vie vaut la peine d'être vécue. »

Robert Kennedy (1925-1968)

Analyse d'une citation

« Certes, le capitalisme est le système qui a su produire, de façon extraordinaire et remarquable, le plus de biens et de richesses. Mais il faut aussi regarder la somme des pertes – pour l'environnement, pour les sociétés – qu'il a engendrées. »

Immanuel Wallerstein (1930-2019)

L'économiste, historien et sociologue américain Immanuel Wallerstein fait référence aux limites environnementales et sociales de la croissance, en particulier l'épuisement des ressources naturelles renouvelables ou non, ainsi que la montée des inégalités entre un centre où convergent les profits et une périphérie à un niveau local, et pas uniquement mondial, pouvant donner lieu à des confits.
Cette phrase pourra être utilisée lorsqu'il s'agira de traiter des limites environnementales de la croissance économique.

Analyse d'une citation

« Un développement qui répond aux besoins des générations du présent sans compromettre la capacité des générations futures à répondre aux leurs. »

Rapport «Notre avenir à tous»,
dit rapport Brundtland (1987)

C'est dans ce rapport qu'apparaît la notion de développement durable pour la première fois. Il s'agit de concilier l'équité sociale et la prudence écologique avec la croissance économique. La croissance durable ne doit pas mettre en danger le bien-être futur des populations. Elle doit être respectueuse de l'environnement, et doit aussi être favorable à tous : pauvres comme riches, aujourd'hui et demain.

Cette citation – qui est également une définition – doit être mobilisée dans le cadre d'une question sur la compatibilité entre croissance économique et préservation de l'environnement.

« Le développement durable est en soi une contradiction, car on ne peut pas développer sans consommer davantage de biens et d'énergie. »

René Dumont (1904-2001)

« Est-il préférable de tenter de vivre en deçà de la limite en acceptant un frein à la croissance ou bien doit-on poursuivre cette croissance jusqu'à ce qu'une nouvelle limite soit en vue avec l'espoir qu'un nouveau bond technologique permette alors de sauter ce nouvel obstacle ? »

Donella Meadows (1941-2001), Dennis Meadows (1942-), Jørgen Randers (1945-) et William W. Behrens (1922-1986) dans le Rapport Meadows (1972)

« Celui qui croit qu'une croissance exponentielle peut continuer indéfiniment dans un monde fini est un fou, ou un économiste. »

Kenneth Boulding (1910-1993)

« Une économie structurée autour de la maxime "croître ou mourir" doit nécessairement prendre le monde naturel comme adversaire et semer la ruine écologique dans le sillage de sa progression constante à travers la biosphère. »

Murray Bookchin (1921-2006)

Analyse d'une citation

« Les limites qu'impose – par sa constitution même – la planète Terre rendent irréaliste et absurde le principe de croissance économique infinie. »

Pierre Rabhi (1938-)

Pierre Rabhi, initiateur du Mouvement Colibris, souligne dans son ouvrage *La Sobriété heureuse* l'incompatibilité entre croissance économique et préservation de l'environnement. Il explique que le mode de vie occidental, mode de production et de consommation, épuise les ressources renouvelables et non renouvelables et dégrade la qualité des sols, des eaux et de l'air. Il insiste également sur l'idée que chacun « doit faire sa part », en adoptant des modes de vie plus respectueux de la nature afin d'infléchir cette tendance.
Cette citation peut être mobilisée pour aborder les limites environnementales de la croissance.

« Ne pouvant produire sans épuiser, détruire et polluer, le modèle dominant contient en fait les germes de sa propre destruction et nécessité d'urgence des alternatives fondées sur la dynamique du Vivant. »

Pierre Rabhi (1938-)

QUELS SONT LES FONDEMENTS DU COMMERCE INTERNATIONAL ET DE L'INTERNATIONALISATION DE LA PRODUCTION ?

« La maxime de tout chef de famille prudent est de ne jamais essayer de faire chez soi la chose qui lui coûtera moins à acheter qu'à faire. »

Adam Smith (1723-1790)

L'économiste écossais Adam Smith, dans son ouvrage de référence *Recherches sur la nature et les causes de la richesse des nations,* explique que toutes les nations ont intérêt à participer au commerce international, à condition de se spécialiser dans la production du bien que chacune d'elles produit mieux que les autres. Cette réflexion découle de sa théorie de la division du travail, où chacun est plus efficace dès lors qu'il se spécialise dans une seule tâche. Un raisonnement similaire s'applique aux différents pays, chacun a intérêt à se spécialiser dans la production du bien qu'il produit le mieux et à échanger le surplus contre d'autres produits. La théorie des avantages absolus sera le point de départ de la réflexion de David Ricardo et le conduira à développer la théorie des avantages comparatifs.
Cette citation pourra être utilisée pour introduire la notion des avantages comparatifs.

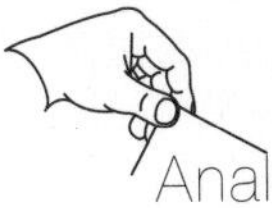

Analyse d'une citation

« Si deux pays peuvent produire les mêmes marchandises, par exemple du blé et du tissu, mais pas avec la même aptitude comparative, ils trouveront leur avantage à se cantonner chacun à l'une des activités et à échanger l'autre. »

James Mill (1773-1836)

James Mill, économiste et philosophe écossais, reprend ici la théorie des avantages comparatifs. Chaque pays a intérêt à se spécialiser dans la production dans laquelle il est le plus efficace et à importer les autres produits.

« Il n'y a point de royaume dont le territoire produise toutes les richesses propres à la jouissance de ses habitants. »

François Quesnay (1694-1774)

« Supposons deux ouvriers sachant l'un et l'autre faire des souliers et des chapeaux : l'un d'eux peut exceller dans les deux métiers ; soit en faisant des chapeaux, il ne l'emporte sur son rival que d'un cinquième ou de 20 %, tandis qu'en travaillant à des souliers, il a sur lui un avantage d'un tiers, ou de 33 %. Ne serait-il pas de l'intérêt de tous les deux que l'ouvrier le plus habile se livrât exclusivement à l'état de cordonnier, et le moins adroit à celui de chapelier ? »

David Ricardo (1772-1823)

« L'art du marchand consiste à prendre une chose là où elle abonde et à l'amener là où elle est rare. »

Ralph Waldo Emerson (1803-1882)

« Si aujourd'hui la France choisissait de copier [...] les innovations créées par d'autres, tout en restant en dehors du système, elle se retrouverait rapidement mise au ban des nations et perdrait le bénéfice de l'accélération continue des techniques nouvelles. De ce point de vue, on peut dire qu'aujourd'hui la mondialisation est devenue une aventure obligée. »

Daniel Cohen (1953-)

« Tout commerce, soit entre les nations, soit entre les individus, est un échange de marchandises dans lequel les objets que chacun offre constituent ses moyens de payer ce qu'il demande : les marchandises offertes par l'un forment sa demande pour celles qui sont apportées par l'autre, et réciproquement. »

John Stuart Mill (1806-1873)

« L'économie n'est pas un jeu à somme nulle. Nous pouvons restructurer la mondialisation au bénéfice de tous. »

Joseph Stiglitz (1943-)

Analyse d'une citation

« Les modifications intervenues depuis vingt ans dans de nombreux secteurs appellent une tout autre représentation : la production ressemble maintenant beaucoup plus à un jeu de Lego qu'à une maquette d'avion. »

Suzanne Berger (1939-)

L'économiste américaine Suzanne Berger, dans son ouvrage *Made in monde : les nouvelles frontières de l'économie mondiale*, décrit le processus d'internationalisation de la production. Les technologies de l'information et de la communication permettent de fragmenter la production à l'échelle internationale, chaque composant standardisé comme des briques de lego pouvant être produit sur un territoire différent en fonction des avantages que celui-ci procure. Il suffit d'assembler ensuite tous les composants pour obtenir le produit final.
Cette citation permet d'illustrer la DIPP et la décomposition de la chaîne de valeur.

Analyse d'une citation

« Une petite avance, prise par une région se cumulera au fil du temps, les exportations de la région de tête évinçant le secteur industriel des zones à la traîne. »

Paul Krugman (1953-)

Paul Krugman, prix Nobel d'économie, dans son ouvrage *L'Âge des rendements décroissants,* met en avant le rôle des économies d'échelle qui procurent un avantage compétitif aux entreprises produisant de grandes quantités par rapport aux entreprises de taille réduite. Elles pourront réduire le coût unitaire de production et ainsi évincer des concurrents potentiels. Cette phrase pourra être mobilisée dans l'explication de la notion d'économies d'échelle.

« Les exportations ne sont pas un but en soi : il faut exporter parce que ceux qui fournissent nos importations ont le mauvais goût d'exiger d'être payés. »

Paul Krugman (1953-)

Analyse d'une citation

« Un marchand n'est nécessairement citoyen d'aucun pays en particulier. Il lui est, en grande partie, indifférent en quel lieu il tienne son commerce, et il ne faut que le plus léger dégoût pour qu'il se décide à emporter son capital d'un pays dans un autre, et avec lui toute l'industrie que ce capital mettait en activité. »

Adam Smith (1723-1790)

Adam Smith, dans son ouvrage *Recherches sur la nature et les causes de la richesse des nations*, évoque l'idée d'une déterritorialisation de la production : le marché s'étend et offre ainsi la possibilité de s'affranchir des territoires pour localiser la production là où cela semble le plus profitable. Le capital est mobile, on parlerait aujourd'hui de délocalisation.

« Avec la mondialisation, nous sommes tous interdépendants. On disait autrefois : lorsque les États-Unis éternuent, le Mexique s'enrhume. Aujourd'hui, lorsque les États-Unis éternuent, une grande partie du monde attrape la grippe, et les problèmes actuels de l'Amérique sont bien plus graves que de simples reniflements… »

Joseph Stiglitz (1943-)

Analyse d'une citation

« En réalité plusieurs économies coexistent à l'intérieur d'un même pays. »

Esther Duflo (1972-), Abhijit V. Banerjee (1961-)

Les économistes et prix Nobel d'économie Esther Duflo et Abhijit V. Banerjee expliquent que le commerce international peut favoriser les inégalités de revenus dans les pays développés, certaines régions étant plus touchées par la concurrence des pays à bas salaires voyant leur population s'appauvrir. Les travailleurs peu qualifiés des pays développés voient leur salaire stagner, voire diminuer ; ils sont également plus concernés par le risque de chômage, car ils sont en concurrence avec des travailleurs dont les salaires sont beaucoup plus bas. Cette citation peut être mobilisée pour faire le lien entre l'internalisation de la production et la hausse des inégalités de revenus dans les pays développés.

« Une économie-monde accepte toujours un pôle, un centre [...] ; toute économie-monde se partage en zones successives. Le cœur, c'est-à-dire la région qui s'étend autour du centre [...]. Puis viennent des zones intermédiaires autour du pivot central. Enfin, très larges, des marges, qui, dans la division du travail qui caractérise l'économie-monde, se trouvent subordonnées et dépendantes, plus que participantes. »

Fernand Braudel (1902-1985)

Analyse d'une citation

« La protection douanière est notre voie, le libre-échange est notre but. »

Friedrich List (1789-1846)

L'économiste allemand Friedrich List, dans son ouvrage *Système national d'économie politique*, développe la notion de protectionnisme éducateur. Il s'agit de permettre à l'industrie de se développer dans les meilleures conditions, c'est-à-dire protégée de la concurrence étrangère. Ainsi, le protectionnisme éducateur aide une jeune industrie à passer à l'âge adulte, à devenir suffisamment compétitive pour affronter la concurrence internationale. Il s'agit donc d'une protection provisoire. Cette citation peut être mobilisée pour justifier une forme de protectionnisme.

« Le système douanier protectionniste a constitué la règle pour tous les pays qui se sont développés au cours des XVIIIe et XIXe siècles. »

Paul Bairoch (1930-1999)

« Si le protectionnisme concerne les pays en voie de développement pour la protection des industries naissantes, il concerne les pays développés pour le maintien des protections sociales et écologiques dont ils se sont dotés. »

Jacques Sapir (1954-)

Analyse d'une citation

« Les pressions intérieures pour plus de protection se font plus fortes en temps de crise, et les réglementations en matière de sécurité sont souvent utilisées comme un prétexte pour protéger les producteurs nationaux. »

Esther Duflo (1972-), Abhijit V. Banerjee (1961-)

Esther Duflo et Abhijit V. Banerjee, dans leur ouvrage *Économie utile pour des temps difficiles*, expliquent que de nouvelles formes de protectionnisme sont utilisées, comme les normes sanitaires et environnementales, pour protéger les producteurs nationaux, en particulier dans un contexte de baisse de l'activité et de hausse du chômage. Cette phrase pourra être mobilisée dans le cadre de l'étude des différentes formes de barrières protectionnistes.

COMMENT LUTTER CONTRE LE CHÔMAGE ?

Analyse d'une citation

« Si le plein-emploi n'est pas conquis ou conservé, aucune liberté ne sera sauve, car pour beaucoup elle n'aura pas de sens. »

William Beveridge (1879-1963)

L'économiste britannique William Beveridge, dans son rapport *Full Employment in a Free Society* publié en 1944, insiste sur la nécessité d'atteindre le plein-emploi. Il en fait une responsabilité politique. Le gouvernement britannique doit s'attacher à maintenir l'emploi à un niveau élevé, c'est-à-dire à permettre à chaque personne pouvant et souhaitant travailler d'obtenir un emploi ou de créer son propre emploi. Cette citation met en évidence l'importance que revêtent les problématiques du plein-emploi et du chômage.

« Le plein-emploi n'est ni un rêve ni un slogan. C'est un projet. La société du travail reste notre horizon, le plein-emploi est son contrat fondateur. »

Jean Pisani-Ferry (1961-)

« La prison constitue un bon traitement statistique du chômage. »

Robert Solow (1924-)

Analyse d'une citation

« Une des meilleures politiques de baisse des coûts jamais réalisée. »

Henry Ford (1863-1947)

L'industriel américain Henry Ford s'exprime à propos des 5 dollars de rémunération journalière dans les usines Ford en 1914, qui constituent une hausse importante des salaires. En rémunérant ses salariés au-dessus du salaire d'équilibre, Ford souhaitait éviter le turn-over et la perte des salariés expérimentés incompatible avec le travail à la chaîne et les inciter à être plus productifs. Il s'agissait aussi d'attirer dans ses usines les salariés les plus motivés. Il explique ainsi que cette hausse de la rémunération des ouvriers lui a été profitable, car elle a permis d'augmenter plus encore la productivité de ses usines.
Cette citation peut être mobilisée pour illustrer la notion de salaire d'efficience.

« Il y a un élément volontaire dans tout chômage, en ce sens que, aussi misérables que soient les possibilités courantes de travail, on peut toujours choisir de les accepter. »

Robert Lucas (1937-)

Analyse d'une citation

« Tout le monde demeure d'accord sur ce qu'en l'état de concurrence parfaite, une baisse du taux des salaires en monnaie par rapport aux autres prix en monnaie – ce qui implique une baisse des salaires réels – doit rendre pour les employeurs l'embauchage de main-d'œuvre avantageux, et vice-versa. »

Arthur Cecil Pigou (1877-1959)

Selon l'économiste britannique Arthur Cecil Pigou, dans son ouvrage *The Theory of Unemployment*, il faudrait permettre au taux de salaire réel de jouer son rôle de variable d'ajustement sur le marché du travail. La flexibilité des salaires permettant aux employeurs d'arbitrer en faveur du travail plutôt que du capital. Il considère donc que le salaire minimum est un obstacle au plein-emploi et expliquerait le chômage structurel.

« Tout chômage quelconque a uniquement sa cause dans le fait que des changements dans les conditions de la demande ont lieu sans cesse, et que les résistances de frictions empêchent que l'ajustement des salaires appropriés ne s'effectue instantanément. »

Arthur Cecil Pigou (1877-1959)

Analyse d'une citation

« Lorsque le travail est cher et les licenciements difficiles, les entreprises sont réticentes à remplacer les travailleurs qui quittent l'entreprise, ou encore à accroître le niveau des emplois lorsque l'économie redémarre. »

Gary Becker (1930-2014)

Selon l'économiste américain Gary Becker, dans la tradition néoclassique, le mécanisme autorégulateur du marché conduit à une situation d'équilibre stable caractérisée par le plein-emploi, c'est-à-dire l'absence de chômage involontaire. L'existence d'un chômage involontaire est liée aux rigidités institutionnelles qui faussent le libre fonctionnement du marché du travail. Ainsi, le salaire minimum, les contraintes faites au licenciement, la réglementation sur la durée du travail augmentent le coût du travail et perturbent le libre jeu du marché du travail.

« Assurément, en immobilisant les salaires, on peut maintenir aux ouvriers qui travaillent une rémunération quelque peu supérieure à celle qu'ils recevraient en régime de libre concurrence ; mais on en condamne d'autres au chômage et on expose ceux-ci à des maux que l'assurance chômage n'atténue que bien faiblement. »

Jacques Rueff (1896-1978)

Analyse d'une citation

« Les lois sur les salaires minimaux : ces lois constituent sans doute l'exemple le plus parlant que l'on puisse trouver d'une mesure dont les effets sont exactement à l'opposé de ceux qu'en attendaient les hommes de bonne volonté qui la soutenaient. »

Milton Friedman (1912-2006)

L'économiste américain Milton Friedman considère que le salaire minimum prive le marché du travail de sa variable d'ajustement qu'est le taux de salaire réel et empêche le marché d'atteindre l'équilibre. Il serait donc responsable du chômage involontaire en incitant les demandeurs de travail à substituer le capital au travail, alors qu'à ce niveau, les offreurs de travail sont plus nombreux à arbitrer en faveur du travail.

« Le plein-emploi n'existe certes pas toujours mais il tend toujours à s'instaurer [...] si le système économique n'est pas sujet à des influences modificatrices. »

Arthur Cecil Pigou (1877-1959)

« Les mots les plus terrifiants dans la langue anglaise sont : je suis le gouvernement et je suis là pour vous aider. »

Ronald Reagan (1911-2004)

« Pour une raison ou une autre, les employeurs sont de moins en moins enclins à payer les services de ceux qui n'ont rien d'exceptionnel à offrir. [...] Ainsi, les mêmes facteurs conduisent à une baisse des salaires pour les travailleurs les moins qualifiés aux États-Unis et au chômage pour la même catégorie de personnes en Europe. »

Paul Krugman (1953-)

Analyse d'une citation

« Si un surplus important de chômeurs est déjà disponible, épargner aura pour seule conséquence d'ajouter à ce surplus et donc d'accroître le nombre de chômeurs. En outre tout homme mis au chômage, de cette manière ou pour toute autre raison, verra s'amenuiser son pouvoir d'achat et provoquera, à son tour, un chômage accru parmi les travailleurs qui auraient produit ce qu'il n'a plus les moyens d'acheter. Et c'est ainsi que la situation ne cesse d'empirer en un cercle vicieux. »

John Maynard Keynes (1883-1946)

L'économiste britannique John Maynard Keynes, dans son ouvrage *La Théorie générale de l'emploi, de l'intérêt et de la monnaie*, remet en cause la loi des débouchés de Jean-Baptiste Say selon laquelle l'offre crée la demande. Il met en évidence l'inadéquation entre les revenus distribués et la dépense de ces revenus. Selon lui, les ménages renoncent à la consommation en épargnant une partie de leurs revenus. Particulièrement en période de sous-emploi, les consommateurs réduisent leurs dépenses de consommation et les employeurs leurs investissements, puis ils licencient, ce qui entraîne de nouveau un recul de la consommation. C'est donc la demande qui crée l'offre et non l'inverse, et c'est elle qu'il faut relancer pour faire repartir l'activité et sortir de la récession ou de la dépression. Cette citation peut être mobilisée dans le cadre d'une explication du chômage involontaire, dans la perspective keynésienne et des politiques de relance de la demande visant à lutter contre le chômage conjoncturel.

Analyse d'une citation

« Le plein-emploi ou même une situation voisine du plein-emploi est rare autant qu'éphémère. »

John Maynard Keynes (1883-1946)

L'économiste britannique John Maynard Keynes, dans son ouvrage *La Théorie générale de l'emploi, de l'intérêt et de la monnaie*, explique qu'il existe un chômage involontaire résultant de l'insuffisance de la demande effective. Le chômage involontaire ne serait pas le fait de l'insuffisance de flexibilité sur le marché du travail, mais d'une insuffisance de la demande effective sur le marché des biens et services.

« En période de mobilité économique, la souplesse est une condition vitale du plein-emploi. »

Alfred Sauvy (1898-1990)

« En matière de lutte contre le chômage, tout a été essayé et tout a échoué. »

François Mitterrand (1916-1996)

Analyse d'une citation

« Il s'agit de laisser une métaphore, dont l'idée est née en observant les marchés aux poissons, expliquer une institution humaine intrinsèquement différente. »

James Galbraith (1952-)

L'économiste américain James Galbraith remet en cause l'hypothèse selon laquelle le travail serait une marchandise comme les autres. Selon lui la flexibilisation du marché du travail n'est pas une solution au chômage. Cette citation peut être mobilisée pour mettre en évidence le fait que les hypothèses de concurrence pure et parfaite – atomicité du marché, homogénéité du produit, entrée libre sur le marché, parfaite transparence du marché et des informations, libre circulation des facteurs de production – ne s'appliquent pas au travail.

« Tout homme mis au chômage […] provoquera, à son tour, un chômage accru parmi les travailleurs qui auraient produit ce qu'il n'a plus les moyens d'acheter. Et c'est ainsi que la situation ne cesse d'empirer en un cercle vicieux. »

John Maynard Keynes (1883-1946)

Analyse d'une citation

« Tant qu'il existe du chômage, l'emploi varie proportionnellement à la quantité de monnaie ; lorsque le plein-emploi est réalisé, les prix varient proportionnellement à la quantité de monnaie. »

John Maynard Keynes (1883-1946)

L'économiste britannique J. M. Keynes, dans son ouvrage *La Théorie générale de l'emploi, de l'intérêt et de la monnaie,* remet en cause la neutralité de la monnaie et la théorie des taux d'intérêt, tout particulièrement en situation de chômage. Selon lui, la création monétaire conjuguée à un faible taux d'intérêt en période de récession permettrait d'accroître les liquidités et d'inciter à la consommation et à l'investissement. En effet, un taux d'intérêt élevé constituerait une prime offerte aux épargnants pour qu'ils acceptent de se priver de liquidités. Ainsi, le maintien des taux d'intérêt à un faible niveau en période de récession n'inciterait pas à l'épargne, donc favoriserait la consommation. D'autre part, le faible coût des emprunts inciterait les entreprises à investir.
Cette citation peut être mobilisée dans le cadre d'une explication de la politique monétaire de relance.

« Face au chômage, la solution de la sagesse, c'est que les travailleurs travaillent moins. »

Pierre Mauroy (1928-2013)

COMMENT EXPLIQUER LES CRISES FINANCIÈRES ET RÉGULER LE SYSTÈME FINANCIER ?

« Un tel désastre est analogue au chavirement d'un bateau qui, dans des conditions ordinaires, est toujours près de l'équilibre stable mais qui, après avoir été incliné au-delà d'un certain angle, n'a plus tendance à retourner à l'équilibre mais, au contraire, à s'en éloigner de plus en plus. »

Irving Fisher (1867-1947)

« Il serait aussi stupide et immoral de laisser faire la nature, que pour un médecin de négliger un cas de pneumonie. »

Irving Fisher (1867-1947)

Analyse d'une citation

« Le surendettement, dont on a admis jusqu'ici l'existence, doit avoir eu ses conditions d'apparition. Il peut avoir pour origines de nombreuses causes, dont les plus communes semblent être les nouvelles occasions d'investir avec un gros profit en perspective, en comparaison avec les profits et intérêts ordinaires, du fait de nouvelles inventions et industries, du développement de nouvelles ressources et de l'ouverture de nouvelles terres ou marchés. L'argent facile est la cause majeure du surendettement. Quand un investisseur pense qu'il

peut faire plus de 100 pour cent de profit par an en empruntant à 6 pour cent, il sera tenté d'emprunter, et d'investir ou de spéculer avec l'argent emprunté. »

Irving Fisher (1867-1947)

Au début des années 1930, l'économiste américain Irving Fisher, dans son ouvrage *La Théorie des Grandes Dépressions par la dette*, explique la survenue de la crise par le risque excessif pris par les agents économiques en période d'innovation et de croissance. L'innovation ouvre des perspectives importantes de profit, la croissance instaure un climat de confiance, ce qui pousse les agents économiques à prendre plus de risques, et donc à s'endetter pour investir. Lorsque les agents économiques cherchent à rembourser leurs dettes, cela provoque une baisse du niveau général des prix, qui accentue le poids des dettes dans l'économie.

Analyse d'une citation

« Au cours de périodes prolongées de prospérité, les économies capitalistes évoluent d'une structure financière dominée par les unités prudentes vers une structure dans laquelle le poids des unités engagées dans des financements spéculatifs ou Ponzi est important. »

Hyman Minsky (1919-1996)

L'économiste américain Hyman Minsky montre que les crises trouvent leur origine pendant les périodes d'expansion. C'est en effet au cours de ces périodes de prospérité que la prise de risque augmente. Le risque est non seulement financier – de surendettement –, mais aussi opérationnel – c'est-à-dire reposant sur des projets d'investissement risqués.
Cette citation peut être mobilisée pour expliquer la formation des bulles.

« Moins le risque est grand, plus les spéculateurs fuient. »

Maurice Allais (1911-2010)

« La seule cause de la dépression est la prospérité. »

Clément Juglar (1819-1905)

« On ne peut devenir entrepreneur qu'en devenant auparavant débiteur. S'endetter appartient à l'essence de l'entreprise et n'a rien d'anormal. »

Joseph Aloïs Schumpeter (1883-1950)

« Le capitalisme constitue de par sa nature, un type ou une méthode de transformation économique qui non seulement n'est jamais stationnaire, mais il ne pourrait jamais le devenir. »

Joseph Aloïs Schumpeter (1883-1950)

« Il y a dans le monde deux superpuissances : les États-Unis et Moody's. Les États-Unis peuvent réduire un pays à néant en l'écrasant sous les bombes. Moody's peut détruire un pays en réduisant sa note. »

Thomas Friedman (1953-)

« Après avoir observé durant un demi-siècle de nombreuses bulles de prix se développer et éclater, je suis arrivé à regret à la conclusion que les bulles ne peuvent être désamorcées sans danger par une politique monétaire ou par d'autres initiatives avant que la fièvre spéculative ne s'éteigne d'elle-même. »

Alan Greenspan (1926-)

Un cycle est composé par un ensemble d'années séparées par des maximums (ou date de la crise) et des minimums (ou moment de la reprise). »

Henri Guitton (1904-1992)

Analyse d'une citation

« Il faut être deux pour danser le tango. À l'abondance de l'épargne chinoise répondait la faiblesse de l'épargne américaine. »

Ben Bernanke (1953-)

L'économiste américain Ben Bernanke explique que l'excès d'épargne chinoise est massivement placé aux États-Unis. La banque centrale chinoise achète des bons du Trésor américain afin de maintenir la compétitivité-prix des produits chinois, ce qui nourrit l'endettement des agents économiques américains. Cette citation peut être mobilisée pour expliquer l'endettement des agents économiques américains avant la crise des subprimes.

« On ne peut sans inconvénient abandonner à l'initiative privée le soin de régler le flux courant de l'investissement. »

John Maynard Keynes (1883-1946)

« Il n'est pas facile de ranimer l'efficacité marginale du capital, telle que la détermine l'état d'esprit capricieux et déréglé des milieux d'affaires. C'est le retour de la confiance, pour user du langage courant, qu'il est difficile de provoquer dans une économie fondée sur le capitalisme individuel. »

John Maynard Keynes (1883-1946)

« À long terme, nous serons tous morts. Les économistes ne se fatiguent pas beaucoup et ils ne servent pas à grand-chose si tout ce qu'ils peuvent dire lorsqu'il y a une période orageuse, c'est que la mer sera calme lorsque la tempête sera passée. »

John Maynard Keynes (1883-1946)

« Entre J.M. Keynes et Milton Friedman, nous pensions en savoir suffisamment pour éviter que cela ne se reproduise. »

Paul Robin Krugman (1953-)

« Un banquier c'est quelqu'un qui vous prête un parapluie quand il fait beau, et vous le reprend quand il pleut. »

George Bernard Shaw (1856-1950)

« Une fois la crise déclarée, nous ne pouvons rien faire pour en sortir avant son terme naturel. »

Friedrich August Von Hayek (1899-1992)

Analyse d'une citation

« De manière générale, le risque de système ne provient pas de l'irrationalité des agents mais des défauts de coordination des marchés [...]. Bien que tous subissent des pertes de bien-être, les défauts de coordination empêchent les agents individuels de reconnaître l'effet de leurs actions sur les autres. »

Michel Aglietta (1938-)

L'économiste français Michel Aglietta, dans son ouvrage *Macroéconomie financière*, explique que c'est la somme des comportements rationnels des agents économiques qui, en raison de l'asymétrie d'information, entraîne des comportements mimétiques sur les marchés. Tous les agents adoptent le même comportement au même moment, ce qui entraîne une amplification des variations de cours sur les marchés.

« Si la raison pour laquelle le prix est élevé aujourd'hui a pour cause unique le fait que les investisseurs pensent que le prix de vente sera élevé demain – bien que les données fondamentales ne semblent pas justifier un tel prix – alors on se trouve face à une bulle. »

Joseph E. Stiglitz (1943-)

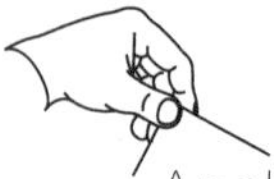

Analyse d'une citation

« Les données dont on dispose pour évaluer ce que rapporteront dans dix ans un chemin de fer, une mine de cuivre, une usine de textile, une marque pharmaceutique, un paquebot transatlantique ou un immeuble de la City, sont dérisoires pour ne pas dire nulles. Dès lors et contrairement à ce que nous enseigne toute théorie économique rationnelle, nos décisions […] résultent d'un besoin spontané d'agir. »

John Maynard Keynes (1883-1946)

L'économiste britannique John Maynard Keynes explique que les agents économiques, en particulier dans le cas de décision d'investissement à long terme, ne sont pas guidés par leur rationalité, mais agissent par mimétisme. Ces comportements qualifiés « d'esprits animaux » vont conduire à la constitution des bulles et à leur éclatement.

« Lorsque dans un pays le développement du capital devient le sous-produit de l'activité d'un casino, il risque de s'accomplir en des conditions défectueuses. »

John Maynard Keynes (1886-1946)

« La situation devient sérieuse lorsque l'entreprise n'est plus qu'une bulle d'air dans le tourbillon spéculatif. »

John Maynard Keynes (1883-1946)

QUELLES POLITIQUES ÉCONOMIQUES DANS LE CADRE EUROPÉEN ?

« L'Europe ne se fera pas d'un coup, ni dans une construction d'ensemble : elle se fera par des réalisations concrètes créant d'abord une solidarité de fait. »

Robert Schuman (1886-1963)

Lors de son discours du 9 mai 1950, Robert Schuman, alors ministre des Affaires étrangères, annonce qu'il faut mettre en œuvre la coordination d'intérêts économiques entre les pays européens qui empêchera la survenue d'un nouveau conflit. C'est dans cette optique que naîtront la Communauté européenne du charbon et de l'acier, la Politique agricole commune puis Airbus.
Cette citation pourra être mobilisée pour l'explication du processus original d'intégration européenne.

Analyse d'une citation

« L'Europe a fait la paix et l'Union européenne grâce à l'énergie. »

Jeremy Rifkin (1945-)

L'économiste américain Jeremy Rifkin met en avant le fait que la création de la Communauté européenne du charbon et de l'acier en 1951 fut la première pierre de la construction européenne. Elle avait pour objectif de mettre en commun une production indispensable à la reconstruction, il s'agissait de rendre les pays interdépendants afin de favoriser la paix.
Cette citation peut être mobilisée lors de l'explication du processus d'intégration européenne.

« La contribution qu'une Europe organisée et vivante peut apporter à la civilisation est indispensable au maintien des relations pacifiques. »

Robert Schuman (1886-1963)

« Soyons la même république, soyons les États-Unis d'Europe, soyons la fédération continentale, soyons la liberté européenne, soyons la paix universelle. »

Victor Hugo (1802-1885)

« Faire de l'Europe l'économie de la connaissance la plus compétitive au monde. »

Stratégie de Lisbonne (2000)

« Notre Europe est une aventure commune que nous continuerons de faire, malgré vous, dans le vent de l'intelligence. »

Albert Camus (1913-1960)

« La Grande-Bretagne elle-même est une île flottante qui, selon les inflexions de sa politique, se rapproche ou s'éloigne de l'Europe. »

Alfred Fabre-Luce (1899-1983)

« Une monnaie continentale [...], ayant pour point d'appui le capital Europe tout entier et pour moteur l'activité libre de 200 millions d'hommes. Cette monnaie unique remplacerait et résorberait toutes les absurdes variétés monétaires d'aujourd'hui, effigies de princes, figures des misères, variétés qui sont autant de causes d'appauvrissement. »

Victor Hugo (1802-1885)

« Le commerce guérit des préjugés destructeurs ; et c'est presque une règle générale, que partout où il y a des mœurs douces, il y a du commerce ; et que partout où il y a du commerce, il y a des mœurs douces. »

Charles de Montesquieu (1689-1755)

« Si la main invisible est si souvent invisible, c'est parce que la plupart du temps, elle n'est pas là. »

Joseph E. Stiglitz (1943-)

Analyse d'une citation

« Dans une Europe divisée en petites nations, les énergies européennes n'ont pas les débouchés qui leur étaient nécessaires. »

Jean Monnet (1888-1979)

Dans une allocution diffusée à l'Université de Columbia aux États-Unis en juin 1954, Jean Monnet, souvent considéré comme l'un des pères fondateurs de la Communauté économique européenne, met en évidence les possibilités de développement des échanges internationaux offerts par la mise en place d'un marché commun. Ainsi, la mise en place d'un vaste marché devait, grâce aux économies d'échelle, stimuler les flux commerciaux entre les États membres, le commerce intrazone, et, par conséquent, favoriser la croissance économique. D'autre part, le libre-échange devait aussi permettre l'augmentation de la productivité des facteurs de production permise par la spécialisation conformément à la théorie classique.

Cette citation pourra être mobilisée pour mettre en évidence l'importance de la libéralisation des échanges de biens et services dans le processus d'intégration.

« La création d'un grand marché intérieur est indispensable pour redonner aux Européens la possibilité de retrouver leur place et de jouer leur rôle dans le progrès du monde libre. »

Jean Monnet (1888-1979)

Analyse d'une citation

« En bref, la monnaie unique complète le marché unique. »

Agnès Bénassy-Quéré (1966-)
et Benoît Cœuré (1969-)

Les économistes français Agnès Bénassy-Quéré et Benoît Cœuré, dans leur ouvrage *Économie de l'euro*, mettent en avant le fait que la monnaie unique présente des avantages – notamment celui de faciliter les échanges et les investissements, puisqu'elle supprime le risque de change et les coûts liés à la conversion, et accroît la transparence des prix qui favorise la concurrence. Cette citation peut être mobilisée pour introduire les avantages attendus de l'Union économique et monétaire.

« L'Europe se fera par la monnaie ou ne se fera pas. »

Jacques Rueff (1896-1978)

« Il est évident que la concurrence c'est la liberté. Détruire la liberté d'agir, c'est détruire la possibilité et par la suite la faculté de choisir, de juger, de comparer. C'est tuer l'intelligence, tuer la pensée, tuer l'homme. »

Frédéric Bastiat (1807-1850)

« La concurrence du marché, quand on la laisse fonctionner, protège le consommateur mieux que tous les mécanismes gouvernementaux venus successivement se superposer au marché. »

Milton Friedman (1912-2006)

Analyse d'une citation

« La consolidation budgétaire et la croissance économique sont les deux faces d'une même pièce. »

Angela Merkel (1954-)

Lors du sommet du G8 en 2012 à Camp David aux États-Unis, la chancelière allemande Angela Merkel affirme la nécessité de respecter la règle d'or du traité sur la stabilité, la coordination et la gouvernance, dont le principe est l'équilibre, voire l'excédent budgétaire. Cette règle est plus contraignante que le Pacte de stabilité et de croissance, qui prévoyait que le déficit des administrations publiques reste inférieur à 3 % du PIB et la dette publique inférieure à 60 % du PIB. Le respect de ce principe d'équilibre budgétaire devait permettre de limiter l'inflation et de profiter de taux d'intérêt faibles favorables à la croissance. Cette citation peut être mobilisée pour montrer que la politique budgétaire, bien qu'étant du ressort de chaque pays membre, est contrainte par les traités européens.

« Le plus gros abandon de souveraineté, c'est celui de la souveraineté monétaire. »

Thomas Piketty (1971-)

« Que l'orientation des politiques économiques de l'Union soit, pour l'essentiel, indépendante de tout processus démocratique est à la fois contraire aux traditions politiques des peuples européens, et dangereux pour l'efficacité économique de l'ensemble. »

Jean-Paul Fitoussi (1942-)

« De fait, le gouvernement de l'Europe ressemble plus souvent à un gouvernement par des règles qu'à un gouvernement par des choix. »

Jean-Paul Fitoussi (1942-)

« Le meilleur de tous les plans de finance est de dépenser peu, et le meilleur de tous les impôts est le plus petit. »

Jean Baptiste Say (1767-1832)

« Les pays de la zone euro ne manifestent entre eux aucune solidarité. »

Patrick Artus (1951-)

« L'augmentation de la dette ne résulte pas d'un effort spécifique pour la croissance, mais, pour l'essentiel d'une gestion peu rigoureuse. »

Rapport Pebereau (2005)

« L'austérité sans plan de croissance ne fera pas redécoller l'économie. »

Jeremy Rifkin (1945-)

« La monnaie est une chose trop importante pour être laissée entre les mains des banques centrales. »

Raymond Poincaré (1860-1934)

« Sur des bases en partie instinctives et en partie raisonnables, notre désir de conserver la monnaie comme réserve de richesse est un baromètre de notre méfiance à l'égard de nos propres calculs et conventions concernant le futur. »

Jean Maynard Keynes (1883-1946)

« Tous les remèdes sont des poisons, tous les poisons sont des remèdes, l'inflation comme les autres. »

Antoine Pinay (1891-1994)

« La raison d'être de notre modèle social devrait être d'optimiser notre aptitude à soutenir la concurrence, et d'aider nos concitoyens à se faire à la mondialisation, à en saisir les chances et à en éviter les dangers. »

Tony Blair (1953-)

« Le troisième et dernier devoir du souverain ou de la République est celui d'élever et d'entretenir ces ouvrages ou ces établissements publics dont une grande société retire d'immenses avantages, mais qui sont néanmoins de nature à pouvoir être entrepris ou entretenus par un ou plusieurs particuliers, attendu que, pour ceux-ci, le profit ne saurait jamais leur en rembourser la dépense. »

Adam Smith (1723-1790)

« L'inflation est une maladie dangereuse et parfois fatale. »

Milton Friedman (1912-2006)

« L'inflation est toujours un phénomène monétaire. »

Milton Friedman (1912-2006)

« Il y a lieu d'adopter la stabilité du niveau des prix comme, à la fois, but de la politique monétaire, guide et critère de réussite. »

Milton Friedman (1912-2006)

« Casser l'inflation se fait toujours au détriment de l'emploi. »

Nicholas Kaldor (1908-1986)

« L'avènement de l'euro peut s'avérer être le développement le plus important au sein des arrangements monétaires internationaux depuis l'émergence du dollar en tant que monnaie dominante peu après la création de la banque centrale des États-Unis, le Système fédéral de réserve, en 1913. »

Robert Mundell (1932-)

« Sans une intervention volontariste de la puissance publique, poursuivie selon une stratégie de long terme et munie de moyens financiers puissants, les régions riches deviennent de plus en plus riches et les régions pauvres de plus en plus pauvres. »

Michel Aglietta (1938-)

Analyse d'une citation

« Souvenons-nous qu'à l'époque du président républicain Eisenhower, dans les années 1950, la tranche la plus élevée des revenus était taxée à 90 % [aux États-Unis]. En 2009, le taux d'imposition le plus haut, qui s'applique aux revenus de plus de 372 950 dollars, est de 35 %. Les États membres de l'Union européenne sont déjà engagés dans une sorte de “course au moins-disant fiscal”, pour les particuliers, comme pour les entreprises, et les traités rendent l'harmonisation vers le haut pratiquement impossible. »

Susan George (1934-)

Susan George, politologue franco-américaine, met en évidence le fait que le manque d'harmonisation des politiques fiscales et sociales conduit les États à pratiquer le dumping fiscal et social, afin de rendre leur territoire attractif au détriment des dépenses publiques. Ainsi, si l'Europe sociale est un objectif affiché de l'Union européenne, il s'avère que les pays de l'Union européenne présentent une grande hétérogénéité en matière de droits des travailleurs et de protection sociale.

Cette citation peut être mobilisée pour mettre en évidence les difficultés à coordonner les politiques sociales et fiscales.

Analyse d'une citation

« [L'Union monétaire] impose un taux de change unique à des économies qui sont largement différentes »

Jacques Sapir (1954-)

L'économiste français Jacques Sapir explique que l'un des écueils de l'Union monétaire est d'imposer les mêmes politiques monétaires et de change à des pays économiquement différents. La conséquence est que certains pays, dont l'inflation était plus importante, ont vu leur compétitivité-prix se dégrader sans pouvoir dévaluer leur monnaie, ces derniers ont pu être amenés à baisser les salaires afin de restaurer leur compétitivité. Cette citation peut être mobilisée pour mettre en évidence la difficile coordination des politiques économiques entre pays différents.

Sociologie

« Le sociologue rompt le cercle enchanté en essayant de faire savoir ce que l'univers du savoir ne veut pas savoir, notamment sur lui-même. »

Pierre Bourdieu

COMMENT EST STRUCTURÉE LA SOCIÉTÉ FRANÇAISE ACTUELLE ?

Analyse d'une citation

« La société bourgeoise moderne [...] n'a pas aboli les antagonismes de classe. Elle n'a fait que substituer aux anciennes de nouvelles classes, de nouvelles conditions d'oppression, de nouvelles formes de lutte. »

Karl Marx (1818-1883) et Friedrich Engels (1820-1895)

Selon Karl Marx, sociologue, philosophe, économiste et historien allemand, la société bourgeoise industrielle est une société de classes comme celles qui l'ont précédée. Dans leur ouvrage *Le Manifeste du Parti communiste*, Karl Marx et Friedrich Engels expliquent que la société bourgeoise repose sur le mode de production capitaliste, où le travailleur ne possède que sa force de travail, qu'il vend au capitaliste, qui possède les moyens de production et s'approprie le produit du travail et le profit ainsi dégagé. Il existe une domination des bourgeois capitalistes sur les ouvriers prolétaires, puisque leur relation est asymétrique, ainsi qu'une exploitation des ouvriers prolétaires par les bourgeois capitalistes, car le salaire versé n'est pas à la hauteur de la valeur produite, la plus-value étant accaparée par les propriétaires du capital.

« Le sucre serait trop cher, si l'on ne faisait travailler la plante qui le produit par des esclaves. »

Charles de Montesquieu (1689-1755)

« À mesure que la société s'étend et se concentre, elle enveloppe de moins près l'individu et, par conséquent, peut moins bien contenir les tendances divergentes qui se font jour. »

Émile Durkheim (1858-1917)

« C'est dans la sphère de production que l'on peut découvrir le fondement caché de toute structure sociale. »

Karl Marx (1818-1883)

« Le capitalisme ne laisse subsister d'autres liens entre les hommes que les froids intérêts et les dures exigences du paiement. »

Karl Marx (1818-1883)

« Avant la Révolution, la nation était partagée en trois classes, à savoir : les nobles, les bourgeois et les industriels. Les nobles gouvernaient, les bourgeois et les industriels les payaient. Aujourd'hui la nation n'est plus partagée qu'en deux classes : les bourgeois et les industriels. »

Karl Marx (1818-1883)

Analyse d'une citation

« Les conditions économiques avaient d'abord transformé la masse du pays en travailleurs. La domination du capital a donné à cette masse une situation commune, des intérêts communs. Ainsi, cette classe est déjà une classe vis-à-vis du capital, mais pas encore pour elle-même. »

Karl Marx (1818-1883)

Karl Marx, sociologue, philosophe, économiste et historien allemand, dans son ouvrage *Misère de la philosophie*, montre que les sociétés sont des sociétés de classes. Il définit les classes sociales non seulement comme des groupes d'individus partageant une situation commune, et en conséquence des intérêts communs, mais surtout comme des groupes constitués d'individus ayant conscience d'avoir à se mobiliser pour défendre ses intérêts communs. Les classes sociales sont non seulement des « classes en soi », mais également des « classes pour soi ».

Analyse d'une citation

« Ce sont [les partis] des sociations reposant sur un engagement formellement libre ayant pour but de procurer à leurs chefs le pouvoir au sein d'un groupement et à leurs militants actifs des chances de poursuivre des buts objectifs, obtenir des avantages personnels, ou de réaliser les deux ensemble. Ils [les partis] peuvent constituer des associations éphémères ou permanentes, se présenter dans des groupements de tous genres et former des groupements de toutes sortes. »

Max Weber (1864-1920)

Le sociologue allemand Max Weber, dans son ouvrage *Économie et Société*, définit les partis comme des associations « orientées consciemment par des intérêts de classes ». Ainsi, dans l'analyse webérienne multidimensionnelle, même si des exceptions sont possibles, les partis comme les groupes de statut sont souvent dépendants des classes. Par conséquent, bien que les analyses des classes sociales de Max Weber et Karl Marx soient différentes, elles se rejoignent sur l'importance de la dimension économique. Cette citation pourra être mobilisée dans le cadre de l'explication de la stratification sociale dans la théorie weberienne.

« La société est composée de deux grandes classes : ceux qui ont plus de dîners que d'appétit, et ceux qui ont plus d'appétit que de dîners. »

Sébastien-Roch-Nicolas, dit Chamfort (1741-1794)

« Le problème du XIXe siècle, c'était l'exploitation. Celui de la fin de ce siècle, c'est l'exclusion. À la limite, les travailleurs sont en trop. »

Paul Ricœur (1913-2005)

« L'homme agit, de manière, non pas à protéger son intérêt individuel à posséder des biens matériels, mais de manière à garantir sa position sociale, ses droits sociaux, ses avantages sociaux. »

Karl Polanyi (1886-1964)

« L'élite est une minorité de personnes qui détient un pouvoir. »

Gaetano Mosca (1858-1941)

Analyse d'une citation

« S'il existe encore une classe, c'est bien la bourgeoisie, ces familles possédantes qui parviennent à se maintenir au sommet de la société où elles se trouvent parfois depuis plusieurs générations. »

Michel Pinçon (1942-) et Monique Pinçon-Charlot (1946-)

Dans leur ouvrage *Sociologie de la bourgeoisie*, les sociologues Michel Pinçon et Monique Pinçon-Charlot montrent que la bourgeoisie possède tous les attributs d'une classe sociale, des niveaux de ressources et des modes de vie proches, une forte hérédité sociale, une position identique dans les rapports sociaux de production et le sentiment communément partagé d'appartenir au même groupe qui en font un groupe particulièrement mobilisé pour conserver sa position.

« La rue est le cordon ombilical qui relie l'individu à la société. »

Victor Hugo (1802-1885)

« Le gouvernement civil, en tant qu'il a pour objet la sûreté des propriétés, est, dans la réalité, institué pour défendre les riches contre les pauvres. »

Adam Smith (1723-1790)

« Je me révolte, donc nous sommes. »

Albert Camus (1913-1960)

Analyse d'une citation

« Les groupes sont des galaxies qui grossissent ou réduisent, qui deviennent brillantes, s'illuminent et illuminent leurs voisines, ou au contraire s'affaiblissent et même peuvent s'éteindre. Et ces galaxies s'organisent en deux constellations principales : populaire et centrale ; et quelques constellations de moindre importance : les indépendants, les techniciens, l'élite dirigeante, les pauvres, etc. »

Henri Mendras (1927-2003)

Le sociologue français Henry Mendras représente la société par l'image d'une toupie avec une très vaste classe moyenne et un très petit nombre d'individus au sommet et à la base. Ainsi, il développe l'idée de moyennisation de la société avec une mobilité sociale accrue et une certaine homogénéisation des niveaux et des modes de vie.

« La classe moyenne est en train de se détruire elle-même en tant que classe, entraînant une transformation de toute la structure sociale qui enlève du même mouvement à la classe ouvrière et à la classe dirigeante leur caractère de classe au sens fort, marxiste du terme. S'il n'y a plus lutte entre elles, comment se définiraient-elles l'une par l'autre ? Et en pure logique, si tout le monde est moyen, plus personne ne l'est. »

Henri Mendras (1927-2003)

Analyse d'une citation

« Il ne suffit pas d'avoir un million pour être en mesure de vivre la vie du millionnaire. »

Pierre Bourdieu (1930-2002)

Le sociologue français Pierre Bourdieu, dans son ouvrage *La Distinction. Critique sociale du jugement*, met en évidence le fait que la position des individus dans l'espace social dépend du volume et du type de capital détenu par chacun : capital économique, capital culturel et capital social. Si le capital économique joue un rôle important dans le positionnement des individus, Bourdieu insiste sur le rôle déterminant du capital culturel. Ainsi, la classe dominante se distingue des autres par la culture légitime, celle qui définit le « bon goût ».

« Il y a une lutte permanente des membres de la société pour gagner le respect et l'estime de leurs partenaires. »

Axel Honneth (1949-)

« Pendant les Trente Glorieuses, la croissance était élevée et il y a eu un partage de la valeur ajoutée qui profitait à tous. Mais quand la croissance s'est ralentie, c'est la masse des salariés qui a été pénalisée, pas les très hauts revenus. »

Louis Chauvel (1967-)

« Objectivement visibles mais subjectivement désarticulées, les classes sociales sont porteuses d'un avenir plus ouvert qu'on ne le conçoit généralement. »

Louis Chauvel (1967-)

Analyse d'une citation

« Le simple fait du ralentissement économique contribue à renforcer des frontières sociales que la croissance contribuait à éroder. »

Louis Chauvel (1967-)

Louis Chauvel, sociologue français, remet en cause la thèse de la moyennisation à partir des années 1980. Le ralentissement de la croissance économique et la distribution inégalitaire du patrimoine ont favorisé le retour des inégalités, et en cela ont mis un terme au processus d'homogénéisation des niveaux et modes de vie. On assisterait plutôt à un retour de la fracture sociale.

« Les CSP ont une qualité intéressante : elles permettent de parler de classes sociales sans jamais en prononcer le mot. »

Louis Chauvel (1967-)

« Ces nouvelles classes moyennes se caractérisent par trois traits fondamentaux : leur dynamisme, leur centralité sociale, leur position d'arbitre. Elles sont tenaillées par une anxiété d'où provient paradoxalement leur succès : coincées entre la peur de la chute et le désir d'élévation, elles ont su maintenir leur position tout au long de ces dernières décennies, au terme d'une compétition sans merci pour les statuts professionnels les plus privilégiés, les quartiers de résidence les plus sûrs et les diplômes les plus recherchés. »

Éric Maurin (1962-)

Analyse d'une citation

« Comment lutter contre la ségrégation et les inégalités de contexte qui la caractérisent et l'alimentent ? Question difficile dans un pays où la "mixité sociale" recueille les suffrages d'une écrasante majorité de citoyens – notamment parmi les intellectuels et les politiques –, mais se heurte aux choix concrets et aux pratiques individuelles d'une majorité tout aussi écrasante – y compris parmi les intellectuels et les politiques. Faut-il se scandaliser d'une telle contradiction ? Faut-il s'émouvoir de découvrir en chacun de nous les passions enfouies de la ségrégation dont nous constatons les effets autour de nous ? »

Éric Maurin (1962-)

Éric Maurin, dans son ouvrage *Le Ghetto français. Enquête sur le séparatisme social,* met en évidence le séparatisme territorial qui s'exerce à chaque échelon de la société, soit l'idée que chacun cherche à fuir les difficultés de ceux qui se trouvent immédiatement au-dessous dans la hiérarchie sociale. Cette citation peut être mobilisée pour mettre en évidence l'idée que la différenciation sociale s'exprime également au niveau des territoires.

« Le “bon citoyen” qui, relativement diplômé et correctement rémunéré, irait s'installer par solidarité dans un quartier déshérité serait aussi rapidement suspecté d'être un “mauvais parent”. Cette contradiction est certes terrible mais, paradoxalement, elle aide à mieux comprendre les ressorts cachés du séparatisme social : c'est peut-être aux individus eux-mêmes qu'il faut s'intéresser, plutôt qu'aux territoires. »

Éric Maurin (1962-)

« Les centres-villes se gentrifient et s'embourgeoisent, les périphéries s'appauvrissent, les classes moyennes qui ne peuvent pas vivre dans les centres s'éloignent de la ville, les pauvres s'éloignent encore plus pour fuir les grands ensembles dégradés. Partout se déploie un entre-soi social, comme s'il fallait mettre la plus grande distance sociale et spatiale entre soi et les catégories sociales moins favorisées. Bien sûr, le prix du foncier détermine les choix, mais ces prix sont eux-mêmes le produit des préférences pour la séparation. »

François Dubet (1946-)

« La montée des services et des nouvelles technologies dans l'économie a modifié en profondeur la nature des emplois offerts dans les entreprises privées. Les relations entre employeurs et salariés sont beaucoup plus personnalisées et fragiles qu'autrefois. La production de services sollicite chacun de façon plus intime et immédiate que la production de biens matériels. »

Éric Maurin (1962-)

Analyse d'une citation

« Entre la génération des jeunes adultes de 1968 et leurs parents, il existait une fracture sur la question des valeurs ayant trait aux mœurs : sexualité, contraception, avortement, homosexualité. Aujourd'hui, quels que soient les milieux sociaux, tout semble pacifié. Chacun partage une vision apaisée qui n'a rien à voir avec les conflits d'hier. En apparence, la guerre des générations a vécu. En fait, cette guerre des générations est passée des valeurs aux conditions réelles d'existence. »

Louis Chauvel (1967-)

Le sociologue français Louis Chauvel évoque la fracture opposant les baby-boomers, qui ont cumulé des avantages en termes d'accès à l'emploi, de mobilité sociale, de conditions de vie, aux jeunes générations, qui connaissent des conditions de vie moins favorables. Les jeunes générations seraient alors en concurrence avec la précédente pour accéder aux positions valorisées.
Cette citation peut être mobilisée pour mettre en évidence l'âge et la génération comme critères de différenciation sociale.

QUELLE EST L'ACTION DE L'ÉCOLE SUR LES DESTINS INDIVIDUELS ET SUR L'ÉVOLUTION DE LA SOCIÉTÉ ?

Analyse d'une citation

« La promesse scolaire n'était plus seulement celle de l'instruction commune, elle est devenue celle de l'égalité des chances méritocratique, celle d'une école capable d'abolir les obstacles économiques et sociaux à la réussite scolaire. »

François Dubet (1946-)

Le sociologue François Dubet rappelle que l'école de la Troisième République avait pour objectif de transmettre une culture commune, mais n'offrait la possibilité qu'à quelques enfants de poursuivre un enseignement secondaire et des études supérieures ; elle n'avait pas vocation à favoriser l'ascension sociale des enfants des milieux populaires. En revanche le mouvement de massification scolaire, entamé dans les années 1960, va permettre aux enfants des milieux populaires d'aller au lycée et de poursuivre des études supérieures, ce qui, dans un contexte de forte croissance et de développement des emplois de cadres et des professions intermédiaires, s'accompagnera d'une mobilité ascendante.

Analyse d'une citation

« L'éducation est l'action exercée par les générations adultes sur celles qui ne sont pas encore mûres pour la vie sociale. Elle a pour objet de susciter et de développer chez l'enfant un certain nombre d'états physiques, intellectuels et moraux que réclament de lui et la société politique dans son ensemble et le milieu spécial auquel il est particulièrement destiné. »

Émile Durkheim (1858-1917)

Le sociologue Émile Durkheim, dans son ouvrage *Éducation et sociologie*, propose la première définition sociologique de l'éducation. Selon lui, l'éducation est une chose sociale : elle favorise l'intégration et la cohésion sociale en inculquant des normes, des valeurs et des savoirs nécessaires à la vie en société. En ce sens, l'école est une institution centrale de l'intégration.

« Il est évident que l'éducation de nos enfants ne devrait pas dépendre du hasard qui les fait naître ici ou là, de tels parents plutôt que tels autres. Mais alors même que la conscience morale de notre temps aurait reçu sur ce point la satisfaction qu'elle attend, l'éducation ne deviendrait pas pour cela plus uniforme. »

Émile Durkheim (1858-1917)

« La société ne peut vivre que s'il existe entre ses membres une suffisante homogénéité : l'éducation perpétue et renforce cette homogénéité en fixant d'avance dans l'âme de l'enfant les similitudes essentielles que réclame la vie collective. »

Émile Durkheim (1858-1917)

Analyse d'une citation

« L'école transforme ceux qui héritent en ceux qui méritent. »

Pierre Bourdieu (1930-2002) et
Jean-Claude Passeron (1930-)

Les sociologues Pierre Bourdieu et Jean-Claude Passeron, dans leur ouvrage *Les Héritiers*, expliquent que l'école serait une instance de légitimation des inégalités, celle-ci récompensant les élèves dont la culture familiale permet une réussite facilitée et pénalisant ceux qui ne disposent pas de cette culture familiale favorable à la réussite. Le message méritocratique renvoie les inégalités de réussite aux efforts de chacun alors qu'elles sont le résultat de dotations inégalitaires en capital culturel.

« La reproduction des inégalités sociales par l'école vient de la mise en œuvre d'un égalitarisme formel, à savoir que l'école traite comme égaux en droits des individus inégaux en fait, c'est-à-dire inégalement préparés par leur culture familiale à assimiler un message pédagogique. »

Pierre Bourdieu (1930-2002)

« La cécité aux inégalités sociales condamne et autorise à expliquer toutes les inégalités, particulièrement en matière de réussite scolaire, comme inégalités naturelles, inégalités de dons. »

Pierre Bourdieu (1930-2002) et
Jean-Claude Passeron (1930-)

« Des goûts et des couleurs on ne discute pas : non parce que tous les goûts sont dans la nature, mais parce que chaque goût se sent fondé en nature – et il l'est quasiment, étant habitus –, ce qui revient à rejeter les autres dans le scandale du contre nature. »

Pierre Bourdieu (1930-2002)

« Ne vous privez pas de ces ressources intellectuelles au prétexte qu'elles sont intellectuelles, qu'elles sont écrites avec de grands mots. »

Pierre Bourdieu (1930-2002)

Analyse d'une citation

« Dans les inégalités sociales de carrières scolaires, les inégalités de choix et d'orientation pèsent autant que les inégalités de réussite. »

Marie Duru-Bellat (1950-)

La sociologue française Marie Duru-Bella montre que les choix d'orientation diffèrent selon l'origine sociale : à niveau scolaire identique, les enfants de milieux défavorisés s'orienteront vers des voies moins prestigieuses que les enfants de milieux favorisés. Cette citation pourra être mobilisée dans le cadre d'une argumentation sur le rôle de l'origine sociale sur le parcours scolaire des individus.

Analyse d'une citation

« Le principe de l'égalité des chances – et toutes les violences scolaires en sont la manifestation quotidienne – est un principe d'une extrême cruauté pour les individus. »

François Dubet (1946-)

François Dubet explique que le système d'égalité des chances déplace la responsabilité de l'échec du système vers l'élève à qui on aurait donné les possibilités de réussir et qui n'a pas su en faire bon usage. Il devient alors l'unique responsable de son échec. François Dubet insiste sur le fait que notre système scolaire « a une très forte capacité à humilier les mauvais élèves », alors qu'il devrait garantir à chaque élève un sentiment d'estime de soi.

« L'égalité des chances, le pire des systèmes, mais il n'y en a pas d'autres. »

François Dubet (1946-)

« Il faut changer d'école parce que trop d'élèves y échouent, y apprennent mal ou peu, parce que l'école est trop inégalitaire et parce que son projet éducatif lui-même semble parfois s'effacer devant la rigueur des mécanismes de la machine à sélectionner et à décourager les élèves et de l'angoisse qu'elle inspire à beaucoup. »

François Dubet (1946-) et Marie Duru-Bellat (1950-)

Analyse d'une citation

« Les filles sont, *a priori*, jugées sérieuses mais pas forcément brillantes, dociles mais pas forcément créatives »

Marie Duru-Bellat (1950-)

La sociologue Marie Duru-Bellat (1950-) montre que les stéréotypes de genre influencent la réussite et les parcours scolaires des enfants. Les enseignants contribuent involontairement à renforcer la socialisation genrée que les jeunes ont déjà par ailleurs intégrée. Cette citation pourra être mobilisée dans le cadre d'une argumentation sur l'influence de la socialisation genrée sur le parcours scolaire des jeunes.

« Les enseignants encouragent chez les élèves les performances conformes à leur sexe : en mathématiques, par exemple, une discipline connotée masculine, ils stimulent moins les filles et à l'heure des choix, à niveau égal, elles font preuve dans cette matière d'une confiance dans leurs possibilités plus faible que les garçons. D'où des orientations marquées par une grande autocensure face aux filières prestigieuses. »

Marie Duru-Bellat (1950-)

« À niveau de diplôme équivalent, les enfants des classes populaires continuent de subir un désavantage lié à leur origine sociale. »

Camille Peugny (1981-)

« Alors qu'auparavant les enfants des milieux riches en capitaux économiques et culturels se distinguaient par des durées de scolarité plus longues (inégalités quantitatives), ils se distinguent aujourd'hui par le choix de filières d'excellence dont sont exclus les enfants des classes populaires (inégalités qualitatives). »

Camille Peugny (1981-)

Analyse d'une citation

« Les inégalités face à l'école ne sont donc pas le produit nécessaire, structurel, du fonctionnement d'une école “faite pour ça”, mais plutôt la résultante des luttes que se livrent les divers groupes sociaux pour maintenir leurs avantages. »

Marie Duru-Bellat (1950-)

Dans son ouvrage *Sociologie de l'école*, Marie Duru-Bellat met en évidence l'idée que les inégalités scolaires en termes de réussite et d'orientation relèvent des stratégies familiales, comme l'avait déjà énoncé Raymond Boudon (1934-2013). Les avantages et inconvénients relatifs aux différentes voies d'orientation étant distincts d'une famille à une autre, d'un milieu social à un autre. D'autre part, l'école apparaît comme un lieu de compétition dès lors que le diplôme se présente comme le sésame pour se faire une place sur le marché du travail.

« Les individus apprennent à anticiper leur avenir conformément à leur expérience du présent, et donc à ne pas désirer ce qui, dans leur groupe social, apparaît comme peu probable. »

Marie Duru-Bellat (1950-)

« Les classes moyennes ont finalement réussi à éviter tout déclassement scolaire pour leurs enfants, elles ont même grignoté une partie de leur retard sur les classes supérieures, mais au prix de scolarités plus longues, de sacrifices plus importants et d'un rapport à l'école plus âpre que jamais. »

Éric Maurin (1962-)

QUELS SONT LES CARACTÉRISTIQUES CONTEMPORAINES ET LES FACTEURS DE LA MOBILITÉ SOCIALE ?

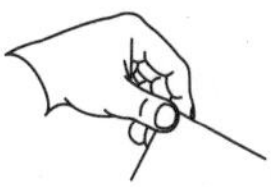

« On ne devient pas ouvrier, on naît ouvrier. »

Camille Peugny (1981-)

Dans son ouvrage *Le Destin au berceau,* le sociologue français Camille Peugny, en paraphrasant Simone de Beauvoir, insiste sur le fait que la position sociale des individus est fortement influencée par leur origine sociale. La mobilité sociale demeure faible, la probabilité pour un enfant d'ouvrier de devenir ouvrier plutôt que cadre est bien plus importante que pour un enfant de cadre. Selon Camille Peugny, l'école ne parvient pas à enrayer le phénomène de reproduction sociale.
Cette phrase peut être mobilisée pour mettre en avant le phénomène de reproduction sociale qui touche particulièrement les ouvriers et les cadres.

« C'est de moins en moins le fait d'être bachelier qui fait la différence, mais bien plus la nature précise du baccalauréat obtenu. »

Marie Duru-Bellat (1950-)

Analyse d'une citation

« L'ascension sociale des quelques membres les plus doués de la classe inférieure contribue à renforcer le pouvoir de la classe dominante beaucoup plus sûrement que ne pourrait le faire une séparation stricte des deux groupes. »

Albert Hirschman (1915-2012)

Dans son ouvrage *Défection et prise de parole*, l'économiste et sociologue américain Albert Otto Hirschman met en avant l'idée que les réponses individuelles sont souvent moins efficaces que la réponse collective par la prise de parole. Dans le cas de la mobilité sociale, l'ascension sociale de quelques-uns tend à légitimer les inégalités et à réduire la conflictualité sociale qui aurait pu être portée par ces transfuges de classes. La prise de parole collective visant à réduire les inégalités et à favoriser la mobilité sociale n'a donc pas lieu, et la reproduction sociale demeure. Cette phrase peut être mobilisée dans le cadre d'une argumentation portant sur l'importance de la reproduction sociale.

Analyse d'une citation

« Il devient chaque jour plus incertain qu'en persévérant dans la voie de l'inflation scolaire nous prenions le chemin du progrès et de la justice sociale. »

Marie Duru-Bellat (1950-)

Dans son ouvrage *L'Inflation scolaire. Les désillusions de la méritocratie*, la sociologue Marie Duru-Bellat montre que l'allongement des études ne permet pas de réduire les inégalités sociales et d'augmenter la fluidité sociale. D'une part, la diversification des filières et l'existence d'une forte sélection à l'entrée pour certaines d'entre elles conduisent à une recomposition des inégalités. D'autre part, l'augmentation du nombre de diplômés plus rapide que celle des emplois qualifiés conduit au déclassement scolaire. Enfin, ce processus de déclassement touche les jeunes de manière très inégale. Ainsi, à niveau d'études comparable, le sexe, l'origine sociale ou ethnique vont de nouveau conditionner les chances d'accéder à l'emploi et aux positions sociales valorisées. Cette phrase pourra être utilisée pour expliquer les limites du système méritocratique et la faible fluidité sociale que l'on distinguera de la mobilité observée.

« Les hommes naissent égaux. Dès le lendemain, ils ne le sont plus. »

Jules Renard (1864-1910)

« Soyez gentil avec les geeks. L'un d'eux pourrait devenir votre patron. »

Bill Gates (1955-)

« Les riches, nous, les privilégiés, nous pourrons monter des murs de plus en plus haut [...] mais rien n'arrêtera ceux qui ont besoin de partager avec nous. »

Emmanuel Faber, directeur général de Danone (1964-)

« Quant à la question de savoir si la mobilité des sociétés industrielles est, dans l'absolu, importante ou négligeable, elle revient à se demander, comme l'ivrogne, si la bouteille est à moitié pleine ou à moitié vide. »

Raymond Boudon (1934-2013)

« L'augmentation générale dans les taux de scolarisation a pour effet [...] une dévalorisation, en termes d'espérance de statut, des niveaux scolaires bas et moyens. »

Raymond Boudon (1934-2013)

« L'ascenseur social n'est pas en panne : il n'a jamais fonctionné. »

Christian Baudelot (1938-)

« On se sent déclassé quand le poste occupé n'est pas conforme aux promesses des diplômes, ou quand une profession perd son prestige parce qu'elle est moins rare, ou quand son quartier devient un peu moins chic, etc. »

François Dubet (1946-)

Analyse d'une citation

« Pour la première fois en période de paix, la situation globale de la jeune génération est moins favorable que celle de ses parents, et cette situation pourrait perdurer, sauf à espérer le retour d'une phase de croissance rapide comparable à celle des Trente Glorieuses, mais on ne voit pas d'où elle pourrait venir. »

Louis Chauvel (1967-)

Dans son ouvrage *Les Classes moyennes à la dérive,* le sociologue français Louis Chauvel montre que les générations arrivées sur le marché du travail à partir du milieu des années 1970 voient leur situation se dégrader par rapport à celle de leurs aînés au même âge. La forte mobilité sociale ascendante permise par la forte croissance des Trente Glorieuses semble ralentie. Cette phrase peut être mobilisée pour mettre en évidence le phénomène de déclassement intergénérationnel ainsi que le paradoxe d'Anderson.

« En raison du poids croissant du diplôme, les positions [dans la carrière professionnelle] sont relativement figées dès l'âge de 35 ans. »

Camille Peugny (1981-)

Analyse d'une citation

« Jamais le diplôme n'a constitué une protection aussi forte contre le chômage, à l'heure où ce risque est particulièrement élevé. »

Camille Peugny (1981-)

Dans son ouvrage *Le Destin au berceau. Inégalités et reproduction sociale*, le sociologue Camille Peugny explique que dans le contexte ou le nombre de diplômés croît plus rapidement que le nombre d'emplois qualifiés, l'absence de diplôme est devenue discriminante pour accéder à l'emploi. Ainsi, ceux qui ne possèdent aucun diplôme sont plus concernés par le chômage.

Analyse d'une citation

« Il faut distinguer déclassement et peur du déclassement. »

Éric Maurin

Le sociologue français Éric Maurin explique, dans son ouvrage *La Peur du déclassement*, que le déclassement intragénérationnel est un phénomène limité, alors que la peur du déclassement touche toute la société, y compris les classes moyennes et supérieures qui ont beaucoup à perdre. C'est, selon l'auteur, l'écart très important entre le statut que confèrent l'emploi et la situation de chômeur qui attise cette angoisse, dans un contexte de chômage élevé. Cette angoisse a envahi les cours d'école, les non-diplômés étant plus concernés par le chômage et l'emploi précaire, la compétition scolaire et la peur de l'échec y sont exacerbées. Cette phrase peut être utilisée pour relativiser le phénomène de déclassement intragénérationnel.

QUELLES MUTATIONS DU TRAVAIL ET DE L'EMPLOI ?

Analyse d'une citation

« Si le paupérisme avait été le poison de la société industrielle à ses débuts, l'assurance obligatoire constitue son meilleur antidote. »

Robert Castel (1933-2013)

Dans son ouvrage *Les Métamorphoses de la question sociale*, le sociologue Robert Castel montre que le salariat s'est progressivement accompagné d'une protection sociale, en particulier au cours de la seconde moitié du XXe siècle, qui éloigne les actifs du risque de perte de revenus lorsque surviennent la vieillesse, les accidents du travail, la maladie ou le chômage. Les travailleurs accèdent ainsi à une forme de propriété sociale qui favorise leur intégration sociale. Cette phrase pourra être utilisée pour mettre en évidence l'institutionnalisation du travail et son rôle intégrateur.

« Le travail éloigne de nous trois grands maux : l'ennui, le vice et le besoin. »

François-Marie Arouet, dit Voltaire (1694-1778)

« À mesure que le temps passe et que les communautés atteignent un stade plus avancé de développement économique, la main-d'œuvre agricole tend à décroître par rapport à la main-d'œuvre industrielle qui, elle-même, tend à décroître par rapport aux effectifs employés dans les services. »

Colin Clark (1905-1989)

« La machine conduit l'homme à se spécialiser dans l'humain. »

Jean Fourastié (1907-1990)

Analyse d'une citation

« Le temps partiel n'apparaît pas comme une simple fraction d'un temps plein. Il est souvent associé à une organisation plus disciplinaire, à une moindre autonomie et à des facteurs de flexibilité temporelle dont les formes extrêmes peuvent impliquer le travail sur appel, les horaires coupés, des changements d'horaire avec de brèves périodes d'anticipation. »

Margaret Maruani (1954-)

La sociologue Margaret Maruani, dans son ouvrage *Travail et genre dans le monde*, montre que si le salariat permet une plus grande autonomie des femmes, il n'en est pas moins que celles-ci sont bien plus concernées par le sous-emploi, soit le temps partiel subi. Or, cela est loin de signifier que les femmes travaillant à temps partiel disposent de plus de temps. En plus d'avoir un salaire partiel, elles subissent un emploi du temps morcelé et contraignant. Cette citation pourra être mobilisée pour mettre en évidence les mutations récentes de l'emploi.

« En quelques décennies, une révolution silencieuse s'est opérée. Aujourd'hui, majoritairement, et avec une sûre évidence, les femmes travaillent. Les femmes font des études, comme les hommes, mieux que les hommes, et la grande majorité d'entre elles se présentent sur le marché du travail et continuent – même avec un ou plusieurs enfants – de travailler. Certes, pas tout à fait autant que les hommes, mais au moins aussi efficacement que les hommes. Elles travaillent, non contraintes, veulent avoir leur indépendance financière, pouvoir vivre seules. »

Dominique Méda (1962-)

« Les femmes – dit-on – ont toujours travaillé. Certes, mais pas dans les conditions actuelles. Pas dans un système où le lieu de travail est totalement distinct du lieu d'habitation, pas en étant totalement séparées de leurs enfants. Pas en conciliant tous les rôles à la fois. »

Dominique Méda (1962-)

« Dans l'histoire de l'activité féminine, la nouveauté n'est donc pas tant le travail qui, sous des formes diverses, a toujours existé, mais plutôt l'emploi salarié, c'est-à-dire une forme de travail instituée et reconnue, autonome, clairement identifiable et extérieure à l'univers domestique. »

Margaret Maruani (1954-)

« Avec l'intensification de la mondialisation néolibérale depuis la fin du XXe siècle, les modalités d'organisation du travail et le rapport au travail ont changé et produisent des effets singuliers sur les rapports de genre. »

Margaret Maruani (1954-)

Analyse d'une citation

« Que doit-on attendre d'un homme qui a employé vingt ans de sa vie à faire des têtes d'épingle ? »

Alexis de Tocqueville (1805-1859)
De la Démocratie en Amérique, tome 3

Dans le tome 3 de l'ouvrage *De la Démocratie en Amérique*, Alexis de Tocqueville met en évidence le fait que la division horizontale du travail à l'œuvre dans l'industrie américaine prive l'ouvrier de son intelligence, de sa capacité à transformer la société, l'assigne à une place d'où il ne peut s'extirper. Elle le rend dépendant et l'appauvrit.

« Dans le même temps que la science industrielle abaisse sans cesse la classe des ouvriers, elle élève celle des maîtres. Tandis que l'ouvrier ramène de plus en plus son intelligence à l'étude d'un seul détail, le maître promène chaque fois ses regards sous un plus vaste ensemble. »

Alexis de Tocqueville (1805-1859)

Analyse d'une citation

« On ne vous demande pas de penser ; il y a des gens payés pour cela, alors mets-toi au travail. »

Frederick Winslow Taylor (1856-1915)

Frederick Winslow Taylor développa l'organisation scientifique du travail déjà mis en évidence par Adam Smith comme moyen d'accroître la productivité du travail. Les ouvriers doivent se contenter d'exécuter des gestes élémentaires définis par les ingénieurs des méthodes. Le travail intellectuel est banni de l'atelier, il se concentre dans les bureaux des méthodes. Cette division verticale du travail qui accompagne la division horizontale contribue, en plus du contrôle et des incitations sous forme de primes, à élever considérablement la productivité. Cette citation pourra être utilisée dans le cadre de l'explication du taylorisme.

« L'organisation est une machine à maximiser les forces humaines. »

Peter Drucker (1909-2005)

« Rien n'est particulièrement difficile si on le subdivise en petites tâches. »

Henry Ford (1863-1947)

« Avec le temps, tout poste sera occupé par un incompétent incapable d'en assumer la responsabilité. »

Laurence J. Peter (1919-1990)

« La grande industrie exige sans cesse une armée de réserve d'ouvriers sans emploi. »

Karl Marx (1818-1883)

« Les machines nous promettaient un surcroît de richesse ; elles ont tenu parole, mais en nous dotant du même coup d'un surcroît de misère. — Elles nous promettaient la liberté ; je vais prouver qu'elles nous ont apporté l'esclavage. »

Pierre-Joseph Proudhon (1809-1865)

« Dans ma production, je réaliserai mon individualité, ma particularité ; j'éprouverai, en travaillant, la jouissance d'une manifestation individuelle de ma vie [...]. J'aurai la joie spirituelle de satisfaire par mon travail un besoin humain de réaliser la nature humaine. »

Karl Marx (1818-1883)

« Plus le trouble est grand, plus il faut gouverner. Sortant d'un immense tumulte, ce qui s'impose, d'abord, c'est de remettre le pays au travail. Mais la première condition est que les travailleurs puissent vivre. »

Charles de Gaulle (1890-1970)

Analyse d'une citation

« La précarité est aujourd'hui un sous-continent qui étend son emprise tout en demeurant fragmenté. »

Robert Castel (1933-2013)

Robert Castel, dans son ouvrage *La Montée des incertitudes : travail, protections, statut de l'individu*, montre que les mutations de l'emploi qui ont eu lieu au cours des dernières décennies conduisent au développement du précariat, et ainsi à l'isolement des individus pouvant les mener à la désaffiliation sociale. Cette phrase pourra être mobilisée pour mettre en évidence les transformations de l'emploi et leurs conséquences.

« Il faut rappeler avec fermeté que la protection sociale n'est pas seulement l'octroi de secours en faveur des plus démunis pour leur éviter une déchéance totale. Au sens fort du mot, elle est pour tous la condition de base pour qu'ils puissent continuer d'appartenir à une société de semblables. »

Robert Castel (1933-2013)

« Le problème du XIXe siècle, c'était l'exploitation. Celui de la fin de ce siècle, c'est l'exclusion. À la limite, les travailleurs sont en trop. »

Paul Ricœur (1913-2005)

« Dans les affaires, les grandes choses ne sont jamais faites par une seule personne, elles sont faites par toute une équipe. »

Steve Jobs (1955-2011)

« Les “exclus” sont des collections (et non des collectifs) d'individus qui n'ont rien d'autre en commun que de partager un même manque. »

Robert Castel (1933-2013)

« Séparer le travail des autres activités de la vie et le soumettre aux lois du marché, c'était anéantir toutes les formes organiques de l'existence et les remplacer par un type d'organisation différent, atomisé et individuel. Ce plan de destruction a été fort bien servi par l'application du principe de la liberté de contrat. Il revenait à dire en pratique que les organisations non contractuelles fondées sur la parenté, le voisinage, le métier, la religion, devaient être liquidées, puisqu'elles exigeaient l'allégeance de l'individu et limitaient ainsi sa liberté. Présenter ce principe comme un principe de non-ingérence, ainsi que les tenants de l'économie libérale avaient coutume de le faire, c'est exprimer purement et simplement un préjugé enraciné en faveur d'un type déterminé d'ingérence, à savoir, celle qui détruit les relations non contractuelles entre individus et les empêche de se reformer spontanément. »

Karl Polanyi (1886-1964)

« C'est de l'expérience d'une profession que les individus tirent l'estime de soi. »

Dominique Schnapper (1934-)

Analyse d'une citation

« Les politiques de luttes contre les effets délétères de la désintégration tendent paradoxalement à renforcer la visibilité des catégories jugées "désintégrées" ou susceptibles de l'être et consacrent ainsi leur processus de disqualification sociale. »

Serge Paugam (1960-)

Le sociologue français Serge Paugam, dans son ouvrage *La Disqualification sociale : essai sur la nouvelle pauvreté*, montre que la précarisation de l'emploi et la montée du chômage contribuent à la disqualification sociale – processus qui conduit l'individu à perdre toute protection et toute reconnaissance sociale. Les politiques de lutte contre l'exclusion tendent à renforcer l'identité négative associée aux individus concernés ; elles contribuent à leur disqualification sociale. Cette phrase pourra être mobilisée pour montrer que certaines évolutions de l'emploi peuvent remettre en cause le caractère intégrateur du travail.

« Le chômage de longue durée, la multiplication des emplois "périphériques", mais aussi l'affaiblissement des liens sociaux ont fait prendre conscience de l'existence de formes nouvelles de pauvreté. »

Serge Paugam (1960-)

Analyse d'une citation

« Le chômeur a le sentiment que la société en général et ses amis se détournent de lui, que sa présence crée une gêne et provoque, la crainte de ses interlocuteurs de se voir demander une forme d'aide. »

Dominique Schnapper (1934-)

La sociologue française Dominique Schnapper, dans son ouvrage *L'Épreuve du chômage*, met en évidence que le chômage n'est pas uniquement l'absence d'emploi : il s'agit d'une situation qui confère un statut dévalorisé au chômeur, et qui contribue ainsi à son isolement.
Cette phrase peut être mobilisée pour mettre en évidence les conséquences de la perte d'emploi.

« Dans une société régie par le travail, où celui-ci est non seulement le moyen d'acquérir un revenu, mais constitue également l'occupation de la majeure partie du temps socialisé, il est évident que les individus qui en sont tenus à l'écart en souffrent. »

Dominique Méda (1962-)

« Les travailleurs sont agrippés à leur *radeau de la Méduse*. Ils en défendent farouchement l'accès aux chômeurs, qui peinent à surnager et ne peuvent espérer reprendre pied sans aide. »

Hubert Balaguy

COMMENT EXPLIQUER L'ENGAGEMENT POLITIQUE DANS LES SOCIÉTÉS DÉMOCRATIQUES ?

Analyse d'une citation

« La liberté n'est pas l'absence d'engagement, mais la capacité de choisir. »

Paulo Coehlo (1947-)

Dans les sociétés démocratiques, l'engagement politique – les différentes actions que les individus peuvent réaliser pour exercer une influence sur les détenteurs du pouvoir politique – ne se réduit pas au vote : il prend des formes variées comme le militantisme ou l'engagement associatif.
Cette phrase peut être mobilisée pour introduire la définition de l'engagement politique et montrer qu'il ne peut se penser sous une forme unique.

Analyse d'une citation

« La consommation engagée incarne une autre représentation de ce que doit être la consommation qui repose sur d'autres impératifs moraux que ceux des sociétés consuméristes, elle encourage à petits pas la volonté des pouvoirs publics à réorienter les pratiques des entreprises vers une meilleure prise en compte des enjeux collectifs. La consommation engagée est bien par conséquent l'un des moteurs du changement de nos sociétés. »

Sophie Dubuisson-Quellier

La sociologue Sophie Dubuisson-Quellier, auteure de *La Consommation engagée,* montre que bien que cette forme de consommation ne concerne qu'une faible proportion de la population, il s'agit d'une action collective et militante ; elle rend visibles les causes défendues, et influence ainsi les décideurs publics et privés. Cette citation peut être mobilisée pour mettre en évidence la variété des formes d'engagement politique.

« Une élection présidentielle ne relève pas d'une simple arithmétique électorale mais d'une alchimie entre un homme et un peuple. »

Jacques Chirac (1932-2019)

« Nos démocraties électives ne sont pas, ou de façon inaccomplie, des démocraties représentatives. »

Paul Ricœur (1913-2005)

« Quand le peuple est en mouvement, on ne comprend pas où le calme peut y rentrer ; et quand il est paisible, on ne voit pas par où le calme peut en sortir. »

Jean de La Bruyère (1645-1696)

« Le désordre est le meilleur serviteur de l'ordre établi. »

Jean-Paul Sartre (1905-1980)

« Le gouvernement civil, en tant qu'il a pour objet la sûreté des propriétés, est, dans la réalité, institué pour défendre les riches contre les pauvres. »

Adam Smith (1723-1790)

« Les mécontents, ce sont des pauvres qui réfléchissent. »

Charles-Maurice de Talleyrand-Périgord, dit Talleyrand (1754-1838)

« Désormais, quand il y a une grève, personne ne s'en aperçoit. »

Nicolas Sarkozy (1955-)

« Toute analyse sérieuse de l'action collective doit donc mettre le pouvoir au centre de ses réflexions. Car l'action collective n'est finalement rien d'autre que de la politique quotidienne. Le pouvoir est sa "matière première". »

Michel Crozier (1922-2013)

Analyse d'une citation

« L'abstentionnisme doit être considéré plutôt comme une norme culturelle conditionnée par des facteurs sociaux. La participation électorale [...] procède d'un facteur général qui est le degré d'intégration à la collectivité. »

Alain Lancelot (1937-) et René Rémond (1918-2007)

Dans leur ouvrage *L'Abstentionnisme électoral en France*, Alain Lancelot et René Rémond expliquent que l'intégration incertaine de certains individus touchés par le chômage – l'inactivité, l'emploi précaire – les éloigne de la participation politique conventionnelle. Cette phrase peut être utilisée pour montrer que l'engagement politique dépend notamment de variables sociologiques.

Analyse d'une citation

« En provoquant l'exclusion électorale des agents culturellement et/ou socialement dominés, les inégalités de politisation fonctionnent comme un cens caché et aboutissent aux mêmes résultats – de façon certes plus atténuée – que les restrictions du droit de vote et les conditions d'éligibilité posées aux dix-huitième et dix-neuvième siècles pour écarter les femmes et les classes dangereuses. »

Daniel Gaxie (1947-)

Dans son ouvrage *Le Cens caché*, le politiste français Daniel Gaxie explique que l'abstention peut être interprétée comme le résultat d'une intégration politique et sociale insuffisante alimentant un sentiment d'incompétence fonctionnant comme un « cens caché » alors que le suffrage est universel.

Cette citation peut être mobilisée pour faire le lien entre participation politique et intégration.

Analyse d'une citation

« Les grands groupes peuvent rester inorganisés et ne jamais passer à l'action, même si un consensus sur les objectifs et les moyens existe. »

Mancur Olson (1932-1998)

Selon l'économiste américain Mancur Olson, dans son ouvrage *Logique de l'action collective*, toute action collective présente un coût et des avantages pour l'individu. Or, selon lui, tout individu rationnel aurait tendance à vouloir profiter des bénéfices d'une action collective en cherchant à payer le coût minimum, voire à échapper au coût de cette action. Plus grand est le groupe et plus cette tendance est importante. C'est le phénomène du « passager clandestin » ou du « cavalier seul » (*free rider* en anglais), ou encore du paradoxe d'Olson.

« Ces composantes sensibles de l'activité militante peuvent être analysées (et, du même coup, désignées) comme des rétributions (pas nécessairement recherchées comme telles et la plupart du temps non monétaires) de l'implication dans l'activité d'une organisation collective. »

Daniel Gaxie (1947-)

Le politologue Daniel Gaxie explique que les gratifications matérielles ne sont pas suffisantes pour expliquer l'engagement politique : il faut tenir compte des rétributions symboliques, en termes de valorisation de soi, d'acquisition d'une culture, de convivialité qui réduisent voire font disparaître les coûts de la participation.

« S'il est important de bien conduire un mouvement revendicatif, il faut aussi savoir le terminer. »

Maurice Thorez (1900-1964)

« L'histoire de toute société jusqu'à nos jours, c'est l'histoire de la lutte des classes. »

Karl Marx (1818-1883)

« Je m'étonne donc d'entendre si souvent dire que la société est devenue plus passive et que la dépolitisation s'est généralisée : c'est seulement l'action et ses référents qui ont changé. »

Alain Ehrenberg (1950-)

« Pour les citoyens, le défaut de démocratie signifie ne pas être écoutés, voir des décisions prises sans consultation, des ministres ne pas assumer leurs responsabilités, des dirigeants mentir impunément, un monde politique vivre en vase clos et ne pas rendre assez de comptes, un fonctionnement administratif rester opaque. »

Pierre Rosanvallon (1948-)

Regards crois

és

« L'amour de la démocratie est celui de l'égalité. »

Charles de Montesquieu (1689-1755)

« Les forêts précèdent les peuples, les déserts les suivent. »

François-René de Chateaubriand (1768-1848)

QUELLES INÉGALITÉS SONT COMPATIBLES AVEC LES DIFFÉRENTES CONCEPTIONS DE LA JUSTICE SOCIALE ?

Analyse d'une citation

« Pour qu'il y ait des inégalités, il faut qu'il existe des ressources socialement prisées et caractérisées par leur rareté (naturelle ou non), inégalement réparties entre les individus, permettant ainsi de repérer une échelle hiérarchique. »

Robert Castel (1933-2013)

Le sociologue Robert Castel rappelle ici la définition des inégalités. Toutes les différences ne sont pas des inégalités, les inégalités sont des avantages et des inconvénients dans l'accès à des ressources valorisées par la société.

« La compression des inégalités de revenus au siècle dernier se concentre, finalement, sur une période très particulière : 1914-1945. Au XXe siècle, ce sont bien les deux conflits mondiaux qui ont fait table rase du passé, et non la paisible rationalité démocratique ou économique. »

Thomas Piketty

Analyse d'une citation

« Les causes des inégalités sociales de santé sont multiples et diverses ; c'est d'ailleurs leur cumul plutôt que l'une ou l'autre d'entre elles qui peut les expliquer. »

Alain Birh (1950-) et Roland Pfefferkorn

Les sociologues Alain Birh et Roland Pfefferkorn, dans leur ouvrage *Le Système des inégalités*, mettent en évidence le caractère cumulatif des inégalités : certains cumulent les avantages quand d'autres cumulent les désavantages. Ici, les conditions de travail, les niveaux de vie, les modes et lieux de vie constituent des handicaps qui peuvent s'additionner et rejaillir sur la santé et l'espérance de vie.
Cette phrase peut être utilisée lorsqu'il s'agit de montrer le caractère cumulatif des inégalités.

« Nous vivons dans un monde indivis où les riches ne peuvent plus ignorer les pauvres. »

Amartya Sen (1933-)

Analyse d'une citation

« Je pense que les peuples démocratiques ont un goût naturel pour la liberté ; livrés à eux-mêmes, ils la cherchent, ils l'aiment, et ils ne voient qu'avec douleur qu'on les en écarte. Mais ils ont pour l'égalité une passion ardente, insatiable, éternelle, invincible ; ils veulent l'égalité dans la liberté, et, s'ils ne peuvent l'obtenir, ils la veulent encore dans l'esclavage. »

Alexis de Tocqueville (1805-1859)

Alexis de Tocqueville, dans son ouvrage *De la démocratie en Amérique*, explique que la passion pour l'égalité l'emporte sur la liberté, parce que la liberté suppose des efforts et des sacrifices alors que l'égalité rend les choses plus faciles et procure des jouissances immédiates. Pour Tocqueville, le risque majeur de la démocratie réside donc dans le renoncement à la liberté, dont il faut chercher l'origine dans « la passion pour l'égalité » et le repli sur la sphère privée, caractéristiques de la démocratie. Selon lui, dans une société qui se veut égalitaire, plus les inégalités se réduisent et moins elles sont acceptées. Or, pour défendre l'égalité, les individus sont prêts à accepter un « doux despotisme », c'est-à-dire à accepter la diminution de leurs libertés publiques au nom de l'égalité entre les citoyens.

« Quand l'inégalité est la loi commune d'une société, les plus fortes inégalités ne frappent point l'œil ; quand tout est à peu près de niveau, les moindres le blessent. C'est pour cela que le désir de l'égalité devient toujours plus insatiable à mesure que l'égalité est plus grande. »

Alexis de Tocqueville (1805-1859)

« Il y a en effet une passion mâle et légitime pour l'égalité qui excite les hommes à vouloir être tous forts et estimés. Cette passion tend à élever les petits au rang des grands ; mais il se rencontre aussi dans le cœur humain un goût dépravé pour l'égalité, qui porte les faibles à vouloir attirer les forts à leur niveau, et qui réduit les hommes à préférer l'égalité dans la servitude à l'inégalité dans la liberté. »

Alexis de Tocqueville (1805-1859)

Analyse d'une citation

« Toutes choses égales par ailleurs, lorsque les différences des ressources entre individus s'atténuent, on observe une augmentation du nombre de cas de frustration querelleuse. En d'autres termes l'atténuation des distances entre "strates" sociales doit, cetiris paribus, augmenter le niveau de la frustration querelleuse. »

Raymond Boudon (1934-2013)

Le sociologue français Raymond Boudon, dans son ouvrage Effets pervers et ordre social, reprend la thèse d'Alexis de Tocqueville, selon laquelle l'égalisation des conditions serait à l'origine de la frustration et du mécontentement. Raymond Boudon utilise un modèle mathématique simple dans lequel il confronte deux cas de figure : une loterie dans laquelle 25 % des joueurs gagnent, et une autre dans laquelle 10 % des joueurs gagnent. Il considère que la première loterie fera plus de frustrés que la seconde, car elle incite plus d'individus à jouer.
Cette phrase peut être mobilisée pour expliquer la thèse d'Alexis de Tocqueville.

« Un objet, même s'il n'a pas été acquis par le vol, doit néanmoins être considéré comme dérobé si on le possède sans en avoir besoin. »

Mohandas Karamchand Gandhi (1869-1948)

« L'égalité […] c'est la loi même du progrès humain ! C'est plus qu'une théorie : c'est un fait social, c'est l'essence même et la légitimité de la société à laquelle nous appartenons. »

Jules Ferry (1832-1893)

« C'est par le travail que la femme a en grande partie franchi la distance qui la séparait du mâle ; c'est le travail qui peut seul lui garantir une liberté concrète. »

Simone de Beauvoir (1908-1986)

« Les hommes naissent et demeurent libres et égaux en droits. Les distinctions sociales ne peuvent être fondées que sur l'utilité commune. »

Déclaration des droits de l'homme et du citoyen de 1789

« Aucun être humain ne sera gardé en esclavage ou en servitude forcée et le marché des esclaves sera prohibé sous toutes ses formes. »

Déclaration universelle des droits de l'homme de 1948

Analyse d'une citation

« En premier lieu : chaque personne doit avoir un droit égal au système le plus étendu de libertés de base égales pour tous qui soit compatible avec le même système pour les autres. En second lieu : les inégalités sociales et économiques doivent être organisées de façon à ce que, à la fois, l'on puisse raisonnablement s'attendre à ce qu'elles soient à l'avantage de chacun et qu'elles soient attachées à des positions et à des fonctions ouvertes à tous. »

John Rawls (1921-2002)

Dans son ouvrage, *Théorie de la justice*, John Rawls propose une conception de la justice sociale, s'éloignant de la conception utilitariste, reposant sur trois principes : le principe d'égale liberté, le principe d'égalité équitable des chances puis le principe de différence. Ainsi, selon John Rawls, les inégalités sont justes si elles reposent sur les libertés fondamentales accordées à tous et une juste égalité des chances. Il devient alors possible d'envisager un traitement inégalitaire des individus à condition que cela soit en faveur des plus démunis. Cette phrase peut être mobilisée lorsqu'il s'agit de mettre en évidence l'existence de différentes conceptions de la justice sociale.

Analyse d'une citation

« Si le principe "Oui à l'égalité des chances, non à l'égalité des résultats" sonne bien, cette distinction est largement fictive. Il est à peu près inévitable qu'une société où les "résultats" sont très inégaux donne des chances de réussir très inégales aussi. Si l'on est réellement convaincu que tous les Américains doivent bénéficier des mêmes chances au départ, il faut agir pour réduire l'inégalité. »

Paul Krugman (1953-)

L'économiste américain Paul Krugman, explique qu'il ne suffit pas de proclamer l'égalité des chances pour que le système devienne réellement méritocratique. Il plaide en faveur d'une intervention de l'État, notamment par le retour d'une fiscalité plus importante sur les grandes fortunes et l'instauration d'un système de santé ouvert à tous.

« Aucune société n'est parfaite. Toutes comportent par nature une impureté incompatible avec les normes qu'elles proclament et qui se traduit concrètement par une certaine dose d'injustice, d'insensibilité, de cruauté. »

Claude Levi-Srauss (1908-2009)

« Il n'est de riche qui ne veuille devenir plus riche encore. Laissez-le faire. En s'enrichissant, il enrichira la nation tout entière. »

Adam Smith (1723-1790)

Analyse d'une citation

« Il y a toutes les différences du monde entre traiter les gens de manière égale et tenter de les rendre égaux. La première est une condition pour une société libre alors que la seconde n'est qu'une nouvelle forme de servitude. »

Friedrich August von Hayek(1899-1992)

Pour le libertarien Friedrich von Hayek, les inégalités sont justes, à condition que la liberté et l'égalité des droits des individus soient respectées. Les inégalités sont alors légitimes, puisqu'elles reposent sur des décisions individuelles libres ; elles ne font que refléter le talent de chacun. Cette phrase pourra être utilisée dans le cadre de la présentation des différentes conceptions de la justice sociale.

« La cécité aux inégalités sociales condamne et autorise à expliquer toutes les inégalités, particulièrement en matière de réussite scolaire, comme inégalités naturelles, inégalités de dons. »

Pierre Bourdieu (1930-2002) et Jean-Claude Passeron (1930-)

« Le plus grand mal est déjà fait quand on a des pauvres à défendre et des riches à contenir. »

Jean-Jacques Rousseau (1712-1778)

Analyse d'une citation

« Autre motif d'orgueil, que d'être citoyen ! Cela consiste pour les pauvres à soutenir et à conserver les riches dans leur puissance et leur oisiveté. Ils y doivent travailler devant la majestueuse égalité des lois, qui interdit au riche comme au pauvre de coucher sous les ponts, de mendier dans les rues et de voler du pain. »

Anatole France (1844-1924)

Anatole France, écrivain français de la Troisième République, dénonce, dans son roman *Le Lys rouge*, que l'égalité de droit proclamée par la Révolution n'est pas suffisante pour réduire les inégalités de situation et améliorer le sort des pauvres, les plus riches continuant à s'enrichir au détriment des plus pauvres. Il fait également référence au délit de vagabondage réprimant les sans-abri.
Cette citation peut être utilisée comme accroche ou pour mettre en évidence les différentes formes d'égalité ou d'inégalités).

« Il n'y a pas de petite injustice »

Édouard Herriot (1872-1957)

« Il est plus facile de proclamer l'égalité que de la réaliser. »

Édouard Herriot (1872-1957)

« De chacun selon ses capacités, à chacun selon ses besoins. »

Karl Marx (1818-1883)

« On a trouvé en bonne politique, le secret de faire mourir de faim ceux qui, cultivant la terre, font vivre les autres. »

François-Marie Arouet, dit Voltaire (1694-1778)

« Le gouvernement doit persuader également les classes non propriétaires, qui sont les plus nombreuses et les moins instruites, que l'État n'est pas seulement une institution de nécessité, qu'il est aussi une institution de bien-être. »

Otto Von Bismarck (1815-1898)

« L'organisation de l'assurance solidaire de tous les citoyens contre l'ensemble des risques de la vie commune – maladies, accidents, chômages involontaires, vieillesse – apparaît au début du XXe siècle comme la condition nécessaire du développement pacifique de toute société, comme l'objet nécessaire du devoir social. »

Léon Bourgeois (1851-1925)

« La Nation assure à l'individu et à la famille les conditions nécessaires à leur développement. Elle garantit à tous, notamment à l'enfant, à la mère et aux vieux travailleurs, la protection de la santé, la sécurité matérielle, le repos et les loisirs. Tout être humain qui en raison de son âge, de son état physique ou mental, de la situation économique se trouve dans l'incapacité de travailler a le droit d'obtenir de la collectivité des moyens convenables d'existence. »

Préambule de la Constitution du 27 octobre 1946

« Le problème à résoudre est d'une particulière subtilité et d'une grande importance : comment donner la plus grande quantité d'aide possible tout en créant, le moins possible, une dépendance à cette aide. »

John Stuart Mill (1806- 1873)

« J'ai fait beaucoup d'argent, et je veux donner quelque chose à mon pays en retour. »

Xavier Niel (1967-)

« Il faut prendre l'argent là où il est : chez les pauvres. Ils n'ont pas beaucoup d'argent, mais il y a beaucoup de pauvres. »

Alphonse Allais (1854-1905)

Analyse d'une citation

« Il faut libérer l'homme du besoin et du risque. »

William Beveridge (1879-1963)

Dans son rapport publié en 1942, Lord William Beveridge plaide en faveur de l'instauration d'un État-providence au Royaume-Uni. Celui-ci doit instaurer une solidarité nationale en mutualisant certains risques économiques entraînant une perte de revenus ou une hausse des dépenses affectant le niveau de vie.
Cette citation pourra être mobilisée pour illustrer la notion de protection sociale ou d'État-providence.

« Tout l'art du bon gouvernement consiste à plumer l'oie de façon à obtenir le maximum de plumes avec le minimum de cris. »

Jean-Baptiste Colbert (1619-1683)

« Imposer les gros revenus plus que les petits, c'est imposer l'activité et l'économie ; c'est frapper d'une amende ceux qui ont plus travaillé et économisé que leurs voisins. »

John Stuart Mill (1806-1873)

« Les producteurs ne sont jamais plus excités à produire, que par la certitude de jouir sans réserve du fruit de leur effort ; et l'impôt ne les laisse pas jouir sans réserve. »

Jean-Baptiste Say (1767-1832)

« Lorsque les fruits sont à tous, et que la terre n'est à personne, la terre ne produit que des bruyères et des forêts. »

Jean-Baptiste Say (1767-1832)

« On peut assurément faire disparaître la pauvreté. Mais cela ne se fera pas davantage grâce à une simple augmentation du taux de croissance que grâce à des incantations ou à des bains de pieds rituels. »

John Kenneth Galbraith (1908-2006)

« On ne peut pas créer une société juste avec des moyens injustes. On ne peut pas créer une société libre avec des moyens d'esclaves. »

Jacques Ellul (1912-1994)

Analyse d'une citation

« L'inégalité n'est pas nécessairement mauvaise en soi : la question centrale est de savoir si elle est justifiée, si elle a ses raisons. »

Thomas Piketty (1971-)

Dans son ouvrage *Le Capital au XXIe siècle*, l'économiste français Thomas Piketty montre qu'il est nécessaire de remettre la question de la répartition des richesses à l'ordre du jour – question éminemment politique, car les inégalités, en particulier les inégalités de patrimoine, ont fortement augmenté depuis les années 1970. La répartition des richesses est de moins en moins équitable et nécessite une politique volontariste de la part des pouvoirs publics, en matière éducative entre autres.

« Laissés à eux-mêmes, les marchés se révèlent souvent incapables de produire des résultats efficaces et souhaitables, et dans ce cas l'État a un rôle à jouer : corriger ces échecs du marché, autrement dit concevoir des mesures (impôts et des réglementations) qui alignent les incitations privées sur les rendements sociaux. »

Joseph Stiglitz (1943-)

« Plus on aide les gens, plus ils sont aptes à sortir de la trappe à pauvreté. »

Esther Duflo (1972-)

QUELLE ACTION PUBLIQUE POUR L'ENVIRONNEMENT ?

Analyse d'une citation

« L'humanité est comparable à une famille qui consommerait toutes les provisions, limitées, d'un garde-manger et jetterait les inévitables détritus dans une poubelle, en l'occurrence l'espace alentour. »

Nicholas Georgescu-Roegen (1906-1994)
La Décroissance (1979)

L'économiste et mathématicien Nicholas Georgescu-Roegen, dans son ouvrage *La Décroissance*, fait référence aux limites de la croissance économique, qui consistent en l'épuisement des biens communs et en l'émission d'externalités négatives, les différentes formes de pollution. Il faut, selon lui, mettre l'économie au service de l'humanité. Cette phrase pourra être utilisée pour introduire l'idée de la nécessité d'une action publique dans le domaine environnemental.

« Dans ces conditions, il est pratiquement sûr que les catastrophes climatiques vont se multiplier dans les prochaines décennies et provoquer des crises alimentaires plus nombreuses et encore plus graves. »

Walden Bello (1945-)

« Car il y a un nuage à l'horizon. Un petit nuage noir pas plus gros que mon poing et dont le nom est progrès ? »

Edward Abbey (1927-1989) Désert solitaire

« Le monde a commencé sans l'homme et il s'achèvera sans lui. »

Claude Lévi-Strauss (1908-2009)

« La maison brûle et nous regardons ailleurs. »

Jacques Chirac (1932-), Discours au Sommet de la Terre à Johannesburgen 2002

« Nous savons aujourd'hui que l'humanisme orgueilleux qui donne au monde moderne son dynamisme inouï met en péril la continuation même de l'aventure humaine. »

Jean-Pierre Dupuy (1941-)

Analyse d'une citation

« La pollution atmosphérique n'est pas seulement une chose pénible et une menace pour la santé ; elle nous rappelle que nos réalisations techniques les plus remarquables – l'automobile, l'avion à réaction, les centrales électriques, l'industrie en général, et la ville moderne elle-même – constituent, par rapport à l'environnement, d'incontestables échecs. »

Barry Commoner (1917-2012)

Le biologiste américain Barry Commoner remet en cause l'idée communément admise dans les années 1960-1970 que la pollution de l'environnement serait « la conséquence malheureuse, mais accidentelle de l'augmentation de la population, de l'intensification de la production ou du progrès technique. » C'est, selon lui, la recherche du profit par les grandes firmes qui les poussent à épuiser les ressources naturelles et à polluer l'environnement. Il oppose ainsi aux politiques dénatalistes une nécessité de transformer l'organisation capitaliste de la société. Cette phrase pourra être mobilisée pour montrer la diversité des acteurs participant à la construction des questions environnementales comme problème public.

« La vraie question n'est plus de choisir entre capitalisme et socialisme, mais de dominer un Développement sans frein ne pouvant mener qu'à la destruction de la nature et de la liberté. »

Bernard Charbonneau (1910-1996)

« Le changement climatique s'est produit à cause du comportement humain, donc il est naturel que ça soit, aux êtres humains, de résoudre ce problème. Il se peut qu'il ne soit pas trop tard si nous prenons des mesures décisives aujourd'hui. »

Ban Ki-moon

« Notre société est comme une immense machine dont le tableau de bord est trop pauvre en indicateurs et dont l'épiderme bétonné est insensible aux réactions individuelles. Une machine si occupée à construire, à produire, qu'elle est aveugle à ce qu'elle détruit et myope à l'égard du monde qu'elle risque de faire. »

Donella Meadows (1941-2001),
Dennis Meadows (1942-), Jørgen Randers (1945-)
et William W. Behrens (1922-1986)
dans le Rapport Meadows (1972)

« Le développement durable est en soi une contradiction, car on ne peut pas développer sans consommer davantage de biens et d'énergie. »

René Dumont (1904-2001)

« Chacun a le droit de vivre dans un environnement équilibré et respectueux de la santé. »

Charte de l'environnement
(inscrite dans la Constitution en 2005), art. 1

« Le monde contient bien assez pour les besoins de chacun, mais pas assez pour la cupidité de tous. »

Mohandas K. Gandhi (1869-1948)

« La "qualité" du climat de la Terre s'impose à tous : c'est donc, à supposer qu'on sache la définir, un bien collectif pur. »

Roger Guesnerie (1943-)

« L'écologie est aussi et surtout un problème culturel. Le respect de l'environnement passe par un grand nombre de changements comportementaux. »

Nicolas Hulot (1955-)

« Le développement durable doit être une politique de production, qui ne soit pas simplement un frein à la croissance quantitative mais qui doit renouveler le contenu de la croissance, qui doit mettre la qualité, la modération et le bien-être au cœur de cette nouvelle croissance et qui va tirer la croissance, qui va même stimuler la croissance. »

Nicolas Sarkozy (1955-)

« Agir contre la détérioration du climat et de la qualité de la vie va de pair avec la lutte contre les inégalités sociales. Il est plus facile de demander aux gens de faire des efforts pour limiter leur consommation d'énergies non renouvelables et de ressources naturelles si ces efforts sont partagés de façon égale. »

Denis Langlois (1940-)

« En cas de risque de dommages graves ou irréversibles, l'absence de certitude scientifique absolue ne doit pas servir de prétexte pour remettre à plus tard l'adoption de mesures effectives visant à prévenir la dégradation de l'environnement. »

Déclaration de Rio, Sommet de la Terre, 1992

« Nos enfants n'auront pas le temps de débattre des changements climatiques. Ils devront vivre avec les effets. De simplement nier le problème trahit l'esprit de notre pays. »

Barack Obama

« Je ne crois pas au changement climatique, c'est juste de la météo. Ça a toujours été comme ça, le temps change, il y a des tempêtes, de la pluie, et des belles journées. »

Donald Trump

« Il faut choisir ses batailles. Ma priorité, en France, en Europe, à l'international, ce sont les émissions de CO2 et le réchauffement climatique. »

Emmanuel Macron (1977-)

« Le changement climatique est l'un des plus grands défis de notre temps. Il change déjà nos vies quotidiennes, à l'échelle mondiale. Chacun d'entre nous est impacté. Et si nous ne faisons rien, nos enfants vont connaître un monde de migrations, de guerres, et de pénuries. Peu importe où nous vivons, nous partageons la même responsabilité. Rendre sa grandeur à notre planète ! »

Emmanuel Macron (1977-)

« Aucun pays ne peut lutter contre le changement climatique seul ni prévenir les pandémies. Les progrès nécessitent maintenant de s'entendre non seulement en tant que villes ou nation, mais aussi en tant que communauté mondiale. »

Mark Zuckerberg

Analyse d'une citation

« La logique inhérente aux biens communs fait sans remords le lit de la tragédie. »

Garrett James Hardin (1915-2003)

L'écologue américain Garret James Hardin, dans son article « La Tragédie des biens communs », explique que les actions individuelles rationnelles conduisent à l'épuisement des biens communs, qui sont non exclusifs et rivaux, ainsi les actions individuelles ne mènent pas à une situation collectivement optimale.
Cette phrase pourra être mobilisée pour introduire la notion de bien commun.

« Chaque homme est coincé dans un système qui le pousse à augmenter la taille de son troupeau sans limites, dans un monde qui est limité. »

Garrett James Hardin (1915-2003)

« La destination vers laquelle chaque homme se hâte est la ruine, chacun poursuivant son propre intérêt dans une société qui croit à la liberté des biens communs. »

Garrett James Hardin (1915-2003)

Analyse d'une citation

« En pêcherie, si vous vendez le poisson et retournez pêcher davantage, tant qu'on peut vendre, cela conduira probablement à une surpêche. Mais si l'on établit une règle commune pour ne pas pêcher une partie de l'année, les pêcheurs gagneront plus d'argent sur vingt ans, car la filière restera productive. »

Elinor Ostrom (1933-2012)

L'économiste et politologue Elinor Ostrom, lauréate du prix Nobel, était convaincue qu'il était possible de gérer les biens communs, notamment les ressources naturelles, sans les épuiser, « à condition de reconnaître leur valeur sur le long terme ». Elle montre, à partir de nombreux exemples, que des communautés de petite ou moyenne taille parviennent à gérer de manière pérenne des ressources communes.

« La gestion efficace et soutenable d'une ressource naturelle commune est également plus à même d'être accomplie lorsque les limites de la ressource sont faciles à identifier, lorsque ses changements d'état peuvent être surveillés à un coût relativement faible, lorsque le taux de changement dans les conditions socioéconomiques, technologiques et d'utilisation reste stable, lorsque les communautés maintiennent des interactions sociales fréquentes entre elles et favorisent ainsi la confiance qu'elles se portent (augmentant ainsi le capital social), lorsque les outsiders peuvent être relativement facilement empêchés d'accéder à la ressource (prévenant ainsi son utilisation à grande échelle) et lorsque les infractions aux règles sont surveillées et sanctionnées. »

Elinor Oström (1933-2012) et Harini Nagendra (1972-)

Analyse d'une citation

« L'essence du phénomène est qu'une personne A, en même temps qu'elle fournit à une autre personne B un service déterminé pour lequel elle reçoit un paiement, procure par là même des avantages ou des inconvénients d'une nature telle qu'un paiement ne puisse être imposé à ceux qui en bénéficient ni une compensation prélevée au profit de ceux qui en souffrent. »

Arthur Cecil Pigou

L'économiste américain Arthur Cécil Pigou, dans son ouvrage *La Théorie du bien-être*, met en évidence l'existence d'externalités,c'est-à-dire les conséquences que subit un agent économique du fait de l'action d'un autre agent sans qu'il y ait de compensation monétaire. Le coût privé supporté par un agent économique diffère alors du coût social. Dans le cas de la pollution, le pollueur ne supporte pas le coût social de son activité. Arthur Cécil Pigou propose d'internaliser l'externalité, soit d'intégrer par une taxe les dommages causés aux autres agents économiques dans les coûts de production du pollueur. Cette phrase pourra être mobilisée dans l'explication de la notion d'externalité et pour annoncer le principe du pollueur-payeur.

« L'usage gratuit et illimité de l'atmosphère comme réceptacle fait que ces polluants [les gaz à effet de serre] s'y accumulent, tant et si bien que l'équilibre du système terre-atmosphère est en train de se rompre. »

Christian de Perthuis

Analyse d'une citation

« En étant dispensées de payer les dégâts qu'elles infligent à l'environnement, les entreprises américaines reçoivent en fait une subvention. »

Joseph Stiglitz (1943-)

L'économiste américain Joseph Stiglitz rappelle la nécessité de l'intervention publique dans le cas des externalités négatives ; sans cela, les entreprises qui n'ont pas à supporter le coût social de la pollution sont incitées à polluer davantage. Dans un contexte d'économie mondialisée, il est également nécessaire d'envisager une harmonisation des politiques publiques environnementales.

Analyse d'une citation

« Les bateaux déchargeant dans la mer devraient être frappés de lourdes taxes ou amendes de dissuasion. »

Alfred Sauvy (1898-1990)

Alfred Sauvy, dans son ouvrage *Croissance zéro ?*, s'interroge sur la possibilité de concilier croissance économique et préservation de l'environnement. Ici, il fait référence aux instruments de politique climatique, la taxation – soit le principe du pollueur-payeur – et la réglementation qui consiste à contraindre par la loi les agents à adopter de bonnes pratiques environnementales. Cette phrase pourra être utilisée pour illustrer les différents instruments de la politique climatique.

« Tout bien, toute entreprise dont l'activité a ou acquiert le caractère d'un service national ou d'un monopole de fait doit devenir la propriété de la collectivité. »

Constitution de 1946

Analyse d'une citation

« La politique de l'Union dans le domaine de l'environnement vise un niveau de protection élevé, en tenant compte de la diversité des situations dans les différentes régions de l'Union. Elle est fondée sur les principes de précaution et d'action préventive, sur le principe de la correction, par priorité à la source, des atteintes à l'environnement et sur le principe du pollueur-payeur. »

Article 191, § 2, alinéa 1er du Traité sur le fonctionnement de l'Union européenne (T.F.U.E.)

Cet article du traité sur le fonctionnement de l'Union européenne précise les différents modes d'action dans le domaine de l'environnement qui s'imposent aux institutions européennes (Commission, Conseil et Parlement), ainsi qu'aux pouvoirs publics nationaux lorsqu'ils transposent le droit européen. On voit apparaître la prévention des risques potentiels (précaution) et avérés (action préventive), le principe de la correction à la source qui repose sur le constat qu'il est moins coûteux de supprimer une pollution à sa source que de réparer les conséquences de celle-ci, et sur le principe du pollueur-payeur, qui consiste à inclure dans les coûts de production du pollueur les coûts de la pollution. Cette phrase pourra être utilisée pour évoquer la diversité des outils de politique environnementale ainsi que la nécessité d'une action commune dans le domaine environnemental, afin d'éviter les comportements de passager clandestin (cavalier seul ou *free rider*).

Achevé d'imprimer en juillet 2020
par Normandie Roto Impression s.a.s.
61250 Lonrai
N° d'impression : 2002933
Dépôt légal : août 2020

ISBN : 978-2-38015-078-0

Imprimé en France